はじめてのスピノザ

自由へのエチカ

國分功一郎

講談社現代新書

2595

はじめに

スピノザは一七世紀オランダの哲学者です。一六三二年、アムステルダムのユダヤ人居住区に生まれた彼は、一六七七年にハーグでわずか四四歳の生涯を終えるまで、生前には二冊の本しか出版していません。

残りの著作は、彼の死後、友人たちの手によって遺稿集として刊行されました。スピノザの思想の核となる部分は、彼が死んでから世に知られるようになったのですが、その核こそ、本書で取りあげる『エチカ』に他なりません。

生前に匿名で出版した『神学・政治論』が無神論の書として取りざたされたため、スピノザはずっと危険思想家として扱われることになります。死後もスピノザへの攻撃は続きました。

しかし、その思想が忘れられたことはありませんでした。三〇〇年以上を経たいまも、多くの思想家・哲学者に影響を与え続けています。

われています。

「エチカ」とは、倫理学という意味です。しばしば読むのがとても難しい本だと言われています。

たしかに、スピノザの書き方や思想のあり方は少し変わっています。『エチカ』を読み解くためには、何かしらの手引きが必要かもしれません。本書を通して、皆さんに読書の手引きになるお話ができればと思っています。

それにしてもなぜ、一七世紀の本をいま読む必要があるのでしょうか。

スピノザが生きていた一七世紀という時代は、歴史上の大きな転換点でした。たとえば、いま私たちが知っているタイプの国家は、この時期に誕生しています。

この国家形態は「主権」という言葉で特徴づけられますが、私たちが「国民主権」という表現を通じて慣れ親しんでいるこの考え方がヨーロッパで始まるのも一七世紀です。

学問に目を向ければ、デカルト（一五九六～一六五〇）が近代哲学を、ニュートン（一六四二～一七二七）が近代科学を打ち立てるのもこの時期です。ホッブズ（一五八八～一六七九）やロック（一六三二～一七〇四）の社会契約説も登場しました。

現代へとつながる制度や学問がおよそ出揃い、ある一定の方向性が選択されたのが一七世紀なのです。

スピノザはそのように転換点となった世紀を生きた哲学者です。ただ、彼はほかの哲学者たちと少し違っています。スピノザは近代哲学の成果を十分に吸収しつつも、その後近代が向かっていった方向とは別の方向を向きながら思索していたからです。

やや象徴的に、スピノザの哲学は「ありえたかもしれない、もうひとつの近代」を示す哲学である、と言うことができます。

そのようにとらえる時、スピノザを読むことは、いま私たちが当たり前だと思っている物事や考え方が、決して当たり前ではないこと、別のあり方や考え方も充分にありうることを知る大きなきっかけとなるはずです。

たとえば人間の「自由」についてのスピノザの考え方は、私たちが囚われている常識を覆すものです。

現代では、「自由」という言葉は「新自由主義」のような仕方でしか使われなくなってしまいました。この経済体制が強いる過酷な自己責任論は多くの人に生きづらさを感じさせています。「自由」の全く新しい概念を教えてくれるスピノザの哲学は、そうした社会をとらえ直すきっかけになります。

ただ、先ほども述べた通り、スピノザは基本的な考え方が私たちと少し違っています。ですから、この哲学を理解するためには多少注意が必要になります。

私事になりますが、私自身もかつて学生の頃、一七世紀の政治思想や哲学への強い関心があったにもかかわらず、スピノザにはなかなか手を出せずにいました。その頃スピノザはとても人気がありましたが、ほかの哲学者と違って、読んでもすぐには分からないのです。

しかし逆にその「分からなさ」が大きな魅力でもありました。どうにかして理解したいと思ったのが、私が二〇年前、スピノザを研究対象に選んだきっかけです。

私はスピノザ哲学を講じる際、学生に向けて、よくこんなたとえ話をします。

――たくさんの哲学者がいて、たくさんの哲学がある。それらをそれぞれ、スマホやパソコンのアプリ（アプリケーション）として考えることができる。ある哲学を勉強して理解すれば、すなわち、そのアプリをあなたたちの頭の中に入れれば、それが動いていろいろなことを教えてくれる。ところが、スピノザ哲学の場合はうまくそうならない。なぜかというと、スピノザの場合、ＯＳ（オペレーティング・システム）が違うからだ。頭の中でスピノザ哲学を作動させるためには、思考のＯＳ自体を入れ替えなければならない……。

「ありえたかもしれない、もうひとつの近代」と言う時、私が思い描いているのは、このようなアプリの違いではない、ＯＳの違いです。スピノザを理解するには、考えを変えるのではなくて、考え方を変える必要があるのです。

そのことの意味を、全五章を通じて説明していきたいと思います。

目次

第一章　組み合わせとしての善悪

一　スピノザとは誰か

三つのファーストネーム

『エチカ』の内容に入っていく前に、まずはスピノザという哲学者がどのような人物であったのかを見ておきましょう。

スピノザにはファーストネームが三種類あります。ベントー（Bento）、バールーフ（Baruch）、そしてベネディクトゥス（Benedictus）です。三つとも「祝福された者」という意味なのですが、この三つの呼び名はそれぞれが、スピノザの人生の異なった側面を象徴しています。これを手がかりに彼の人物像に迫っていくことにしましょう。

出自の「ベントー」

「ベントー」はポルトガル語の名前です。

スピノザの祖先はスペイン系のユダヤ人で、一五世紀の終わり、スペインでユダヤ人への迫害が強くなった際に一家で隣国ポルトガルに逃れています。貿易商だった父はポルトガルの生まれです。しかしポルトガルでも迫害は厳しくなり、一家はフランスを経由してオランダのアムステルダムに移住することになります。

スピノザは、一六三二年一一月、この街のユダヤ人居住区に誕生しました。

彼の肖像画を見ると、髪は黒く縮れ、瞳も黒く、肌の色も浅黒くて、イベリア半島の出身を窺わせます。家庭ではスペイン語とポルトガル語が使われていたためでしょう、オランダ生まれにもかかわらず、オランダ語はあまり得意ではありませんでした。スペイン語とポルトガル語を流暢に話し、フランス語も少し話せたようです。そんな彼の家庭内での呼び名がベントーでした。この名は彼の出自を示しています。

スピノザの肖像

信仰と破門の「バールーフ」

次の「バールーフ」はヘブライ語の名前です。

ユダヤ人家庭といっても、伝統的な立場を

重視する保守的で厳格な家から、「懐疑派」と呼ばれるリベラルな家まで多様性があったことは押さえておかねばなりません。スピノザはどちらかというとリベラル寄りの家で育ったようです。

「バールーフ」はつまり、彼の家族の信仰と結びついた名前であるわけですが、この信仰を巡り、彼の人生における最初の重要な事件が一六五六年の夏に起こります。二四歳の誕生日を迎えようとするスピノザが、ユダヤ教会から破門されるのです。

破門の理由とされる「劣悪な意見および行動」の具体的内容ははっきりしません。しかし、スピノザのようなきわめて知的で批判的な精神をもった若者が、伝統に寄りかかるだけの保守的な教会のあり方に疑問をもち、それに対して服従の態度を示すのを拒否するというのは容易に想像できます。教会側としては生意気な若者にちょっとお灸を据えてやろうという程度の軽い「破門」だったようです。

ところがスピノザは悔悛の勧めを受け入れるどころか、自説を擁護する弁明書をスペイン語で書いて教会に送りつけたといいます。とても豪快なエピソードですが、それにより彼は故郷のユダヤ人社会と決定的に袂を分かつことになります。

スピノザがユダヤ人のコミュニティに生まれたことは、彼の哲学者としての人生にとって大きな意味をもちました。

スピノザは幼い頃からユダヤ人学校に通ってヘブライ語を学んでいます。ヘブライ語に堪能だったことが、のちに『神学・政治論』という、聖書の批判的読解を行った本を書く時に役立ちます。これは初めて科学的な研究の立場から聖書を読解した近代聖書研究の出発点とも言われる本です。また友人たちに勧められて『ヘブライ語文法綱要』という語学の教科書も書いています。そこでの文法の説明にもスピノザ哲学の考え方と通ずるものが見いだせます。

「我が民族の記念」

この破門事件と関係する印象的なエピソードをご紹介したいと思います。

破門の直後、一六五六年八月のある夕刻、スピノザは劇場から出てきたところをいきなり暴漢に襲われ、外套の上からナイフで肩口を切りつけられてケガを負います。狂信的な信者による犯行でした。

幸いにして軽傷でしたが、彼は念のために近くに住むファン・ローンという旧知の医師の家に行って診察を受けることにします。

三二歳年長の名医ファン・ローンはオランダの画家レンブラント（一六〇六～六九）とも親交があったリベラルな人で、のちに若いスピノザの勧めで「レンブラントの生涯と時代」（リュカス／コレルス『スピノザの生涯と精神』渡辺義雄訳、学樹書院所収）という手記を残すことになります。そのファン・ローンの手記にこの時のことが記されています（なお、ファン・ローンの証言についてはその史実性を疑う研究者がいることを念のため申し添えておきます）。

スピノザは初め、暴漢に襲われたことを隠し、屋根裏部屋で本を取り出そうとして何かにぶつけて怪我をしたと嘘をつきます。疑問を呈する医師に向かって下手な嘘を重ね、その嘘のぎこちなさに結局二人は顔を見合わせて大笑いします。スピノザは自分の身に起きたことを告白しました。

ファン・ローンは傷の手当てをした後、スピノザにこう言いました。

「裂けた外套を仕立屋で修理しなければなりませんね」

するとスピノザはこう答えたと言います。

「いいえ、私はこの穴の空いた外套を我が民族の記念として取っておくつもりです。これを最後に彼らは私に何もくれないでしょうから」

どういうことかお分かりいただけるでしょうか。真理を追究しようとする立場は、必ずしも世間の人々を喜ばせない。それどころかきわめて強い反発すら生み出す。この事件はその証拠であり、「我が民族」が私にくれた最後の教えである。そのことを私は忘れてはならない。だからそれをずっと肝に銘じておくために、穴の空いた外套をそのままにしておこうというのです。

哲学者は命の警戒をしつつ真理を追究し続ける

このエピソードは、哲学者なるものがいかなる存在であるかを端的に教えてくれるものだと思います。

みなさんは「哲学者」という人間にどんなイメージをもっていらっしゃるでしょうか。もしかしたら、机の前で、不必要に難しいことを考えたり、夢物語に耽っている世間知らずの輩というイメージをおもちかもしれません。断言しますが、そういう人は大哲学者ではありませんし、大哲学者にはなれません。

哲学者とは、真理を追究しつつも命を奪われないためにはどうすればよいかと常に警戒を怠らずに思索を続ける人間です。真理の追究は必ずしも社会には受け入れられないし、それどころか権力からは往々にして敵視されるのだということを十分に理解しつつ、その上で真理を追究するのが哲学者なのです。

たとえばフランスの哲学者デカルトは、ガリレイ（一五六四～一六四二）が宗教裁判にかけられたことを知り、本の出版を取りやめたことがありました。何と言っても哲学の出発点であるギリシアのプラトン（前四二七～前三四七）は、師匠のソクラテス（前四七〇～前三九九）を権力によって処刑されています。プラトンの哲学は、真理を追究しながらも師匠ソクラテスのように殺されないためにはどうしたらいいかという問いと切り離すことはできません。スピノザもまた哲学者として、常にそういう警戒心をもって事に臨んでいたのです。

人柄と生業

襲撃事件の翌日、スピノザをそのまま家に泊めた医師ファン・ローンは、アムステルダム市長に相談して彼の保護を求めます。市長はスピノザをしばらく町から遠ざけ、近郊の田舎で隠れて暮らさせることにします。そこまで船で向かうことになりました。

次の日、港まで同行する護衛の兵士が来ました。ファン・ローンも途中まで同行することになるのですが、スピノザは彼らに突然、「一緒にビールを飲もう」と言い出します。真面目な兵士たちは頑固なカルヴァン教徒で、「危険な異端者」スピノザの護衛も公務で仕方なくやっていたことでしたから、この申し出に困ってしまいます。

結局、船が出るまでの一時間、彼らは一緒にビールを飲むことになるのですが、兵士たちはスピノザの語る釣りの話にすっかり愉快になってしまい、最後は大きく帽子を振ってスピノザを見送ったといいます。スピノザは釣りの達人でもありました。人生のさまざまな楽しみに通じていたようです。

アムステルダムを離れることが決まった時も、ファン・ローンに「私は大いに笑うことと、今後自活していくのに必要なだけ働いて、夜は哲学を研究して過ごせるようにすることを望んでいます」と述べたと言います。この逸話は、スピノザの真剣かつ豪快な人柄を、生き生きと伝えてくれています。

その後、スピノザはライデン近郊のレインスブルフ、ハーグ近郊のフォールブルフ、そして最後は大都市ハーグの市内と、転居を繰り返すことになります。

彼がその慎ましい隠遁生活の中で、望遠鏡や顕微鏡に用いるレンズ磨きを生業としていたのは有名な逸話です。庇護者や友人たちの経済的援助もありましたから、レンズ磨きの手仕事だけで生計を立てていたわけではありません。光学の研究のためだったという説もありますが、コレルスという同時代の伝記作者によれば（「スピノザの生涯」、前掲書所収）、スピノザが実際に磨いたレンズを売って金銭を得ていたのは確かなようです。手に職をつけるべしというのは、ユダヤの古い教えでした。

コレルスによると、実はもう一つスピノザが身につけた技術があって、それは絵を描くことでした。彼が肌身離さずもっていたというスケッチブックは残念なことに現存しませんが、名士の肖像を描いて生計の一助としていたといいます。まことに多才な人物です。思索の合間の気晴らしに二匹のクモを捕まえてきて互いに闘わせたり、ハエをクモの巣に投げ込んで、笑い声をあげてその闘いを眺めたりしていたという逸話もありますから、一風変わった趣味の持ち主でもあったようです。

普遍を目指す「ベネディクトゥス」

さて、三つ目の「ベネディクトゥス」はラテン語の名前です。

スピノザは破門をきっかけにユダヤ人コミュニティへの帰属を捨て、哲学を通じて普遍的なものへ向かっていきます。そのことを象徴するのが、破門後に名乗ったこの名前です。省略して「ベネディクト」と書いているときもあります。

彼の本は、初学者でも読めるような簡素で平易なラテン語で書かれています。当時の書物はほとんどがラテン語で書かれました。

ただし一七世紀は自分の母語で書物を著すことが始まった時期でもあり、たとえばデカルトの『方法叙説』は、当時としては珍しくフランス語で書かれました。それぞれの母語が方言のようなものだとすれば、ラテン語はいわば標準語です。あるいは、現在、国際語と考えられている英語に近いと言えるでしょう。

ただし、現在の英語が英語圏の母語であり、それを母語としている人たちの言語であるのに対し、当時のラテン語は日常用いられる言語ではなく、誰のものでもない言語であったという違いには留意する必要があります。誰のものでもない言語であるからこそ、普遍性を目指す学問にぴったりであったわけです。

スピノザもまた、この誰のものでもない言語を使って、普遍性を目指す哲学に没頭していきます。「ベネディクトゥス」とは、そのような普遍性を目指し始めた哲学者スピノザの姿を象徴する名前であると言えるでしょう。

二　哲学する自由

初期の諸著作

スピノザは著作の数はさほど多くありません。とはいえ、四四年の短い人生の中でこれだけのものを書き上げたことは驚きではあります。

初期の著作として、『神・人間及び人間の幸福に関する短論文』と『知性改善論』があります。前者はスピノザの死後二〇〇年近く経った一九世紀に写本が発見されたものであり、後者は未完成の草稿です。

それぞれがいつ書かれたのか、特にどちらが先に書かれたのかを巡っては研究者たちの間でいまもなお熱心な議論が続いています。ただいずれも、破門を受けた一六五六年頃から、『エチカ』が書き始められた一六六一年頃までの間に執筆されたものであることは間違いないようです。

『書簡集』によれば、一六六三年頃には既に『エチカ』の第一部に相当する部分の草稿が書き上げられていました。スピノザがかなりのスピードで執筆を進めていたことが分かります。

『デカルトの哲学原理』

したがってこの頃、スピノザは『エチカ』の執筆に全力を注いでいたわけですが、一冊、本も出版しています。『デカルトの哲学原理』です。

これはレインスブルフに住んでいた時期（一六六一年頃〜六三年）、彼の下宿に同居していた知的好奇心の強い若者に、デカルトの哲学について私的に講義したノートが元になっています。そのノートのことを知ったアムステルダムの友人たちの強い希望で出版に至った次第です。

デカルト哲学の教科書とでも言える本ですが、そこではこの哲学が非常に大胆に組み換えられています。スピノザがデカルト哲学に強い関心を抱きつつも、それに決して満足はしていなかったことの証拠です。

すでに大作『エチカ』の仕事に取りかかっていたわけですから、スピノザは必ずしも出版を心から願っていたわけではないようです。あまり時間をかけるわけにはいかなかったらしく、驚くべきことに二週間で完成させています。そして、そのようにして書き上げられたこの本は、結局、彼が生前、自分の名前を冠して出版することのできた唯一の著作となりました。

『神学・政治論』

次に出版したのが一六七〇年刊の『神学・政治論』です。スピノザはそれまで熱心に取り組んでいた『エチカ』の執筆を、いかなる理由からか、一六六五年に一度中断します。そうして執筆されたのがこの本です。

この本の中でスピノザは、哲学の真理と神学の真理を区別し、神学は神学として追究されるべきであってそれによって哲学の真理が蹂躙されることがあってはならないと主張します。「哲学する自由」、つまりは思想・言論の自由を訴えたのです。

またヘブライ語についての豊富な知識を駆使して聖書を科学的に読み解いた本でもあり、近代の聖書研究の嚆矢と呼ばれることもあります。このことは当然、それまで教会が是としてきた解釈に異議を唱えることにもなります。

さらにこの本には、当時、新しい政治思想であった社会契約論の議論も含まれていました。教会や政治権力から睨まれるのは容易に想像できることでした。スピノザはそのためこの本を、匿名で、しかも発行所までドイツのハンブルクと偽って出版します。

そうまでしてスピノザをこの本の出版に駆り立てた理由は何なのか。

ここで当時のオランダの政治状況について詳しく述べる余裕はありません。ただ、そこに見いだせるのは、「なぜ民衆はこんなにも頑迷で理を悟ることができないのだろう、なぜ彼らは自身の隷属を誇りとするのだろう、なぜひとびとは隷属こそが自由であるかのように自身の隷属を「もとめて」闘うのだろう、なぜ自由をたんに勝ち取るだけでなくそれを担うことがこれほどむずかしいのだろう」という問題意識であると、フランスの哲学者ジル・ドゥルーズ(一九二五〜九五)は説明しています(『スピノザ　実践の哲学』鈴木雅大訳、平凡社ライブラリー、二三頁)。

スピノザにとって、何としてでも世に問わねばならない問題を扱った本であったのです。

「無知者」による誹謗中傷

周到に準備された出版でしたが、すぐにスピノザが著者であることは突き止められ、四年後には発禁処分にされてしまいます。そしてスピノザは危険な要注意人物とされ、世間では「スピノザ主義」という文句が人を侮辱する言葉になっていきます。

このような現象はいまと変わりありません。週刊誌で誰かが叩かれたら、猫も杓子も他人の尻馬に乗って叩き始める。インターネットで誰かが「炎上」すると、我も我もと批判を始める。スピノザもまた、彼の思想に触れたこともなければ、彼の著書を読んだこともない人々によって批判されたのです。

ある書簡でスピノザは、自分に好意的であるとの疑いを避けるために、知りもしない彼の意見や読んでもいない彼の著作に対して誹謗中傷を繰り返している「愚かなデカルト主義者たち」のことを嘆いています。

また一六七二年には、スピノザが住んでいたハーグで、彼も共感を寄せていた共和派の指導者が、煽動された群衆によって広場で虐殺されるという凄惨な事件もありました。彼はその時どうしても憤りを禁じえず、「汝ら野蛮きわまる者ども」と書いたラテン語の抗議文を広場に掲げようとして下宿の主人に止められたと言います。

『エチカ』の最後の部分で、スピノザはこんなことを書いています（以下、『エチカ』の引用はすべて、岩波文庫版の畠中尚志訳に拠ります）。

無知者は、外部の諸原因からさまざまな仕方で揺り動かされて決して精神の真の満足を享有しないばかりでなく、その上自己・神および物をほとんど意識せずに生活し、そして彼は働きを受けることをやめるや否や同時にまた存在することをもやめる。（第五部定理四二備考）

「無知者」は外部から何か「働き」を受けるとぞろぞろ動き出すけれども、それがいったん終わればすぐにいなくなります。そのことを指してスピノザは、彼らは「存在することをやめる」と言っているのです。

この一節を読むたびに私は、誰かが批判され始めると、どこからともなく湧いてきた連中が事情もよく分からないままにそのトレンドに便乗して罵倒の言葉を吐き、しばらくすると何ごともなかったかのように消えていく――つまり「存在することをやめる」――インターネット上の「炎上」のような現象を思い起こさずにはいられません。

三〇〇年以上前にもスピノザをめぐって同じようなことが行われていた。人間はそんなことを繰り返しているわけです。

『エチカ』の死後公刊

『エチカ』を出版するというのはもはや到底叶わない願いでした。一六七五年、スピノザはアムステルダムまで赴き、完成した『エチカ』の出版を一度は試みるのですが、結局は延期を余儀なくされます。

一六七七年二月、おそらく肺結核がもとでスピノザは息を引き取ります。『エチカ』が公のものとなったのは、死をみとった医師マイエルをはじめとする友人たちが、匿名で資金を集めてその年の末に刊行した『遺稿集』によってでした。

この『遺稿集』もまた、刊行の翌年には異端の書として禁書にされてしまうのですが、スピノザの残した思想は後世の哲学者・思想家たちに大きな影響を与え、脈々と生き続けていくことになります。

三　神即自然

神は無限である

ではスピノザの思想はいかなるものであったのでしょうか。

教科書などではしばしば、『エチカ』に見られるスピノザの思想は「汎神論」と解説されています（ちなみに、哲学ではよくあることですが、これは本人によるネーミングではありません）。「汎神論」とは、森羅万象あらゆるものが神であるという考え方です。日本では「八百万《やおよろず》の神」のような、多神教的な自然崇拝のイメージが馴染み深いと思いますが、スピノザの「汎神論」では神はただ一つです。

もしかしたら「神」という言葉が出てきただけで、関心を少しばかり失ってしまった人もいるかもしれません。少しだけ我慢してお付き合いください。

というのも、スピノザの考える神は、世間一般でイメージされているそれとはずいぶん異なるものだからです。少しずつ見ていきましょう。

スピノザの哲学の出発点にあるのは「神は無限である」という考え方です。

無限とはどういうことでしょうか。無限であるとは限界がないということです。ですから、神が無限だとしたら、「ここまでは神だけれど、ここから先は神ではない」という線が引けないということになります。

言い換えれば、神には外部がないということです。というのも、もし神に外部があったとしたら、神は有限になってしまうからです。たとえば私たちは有限です。空間的には身体という限界をもっていますし、時間的には寿命という限界をもっています。

神は絶対的な存在であるはずです。ならば、神が無限でないはずがない。そして神が無限ならば、神には外部がないはずだから、したがって、すべては神の中にあるということになります。これが「汎神論」と呼ばれるスピノザ哲学の根本部分にある考え方です。

これはある意味で、世間で考えられている絶対者としての神を逆手にとった論法とも言えます。誰もが神を絶対者と考えている、ならば、それは無限であろうから、すべては神の中にあることになるだろう、というわけです。

自然科学的「神」概念

すべてが神の中にあり、神はすべてを包み込んでいるとしたら、神はつまり宇宙のような存在だということになるはずです。実際、スピノザは神を自然と同一視しました。これを「神即自然」と言います（「神そく自然」あるいは「神すなわち自然」と読みます）。

神すなわち自然は外部をもたないのだから、他のいかなるものからも影響を受けません。つまり、自分の中の法則だけで動いている。自然の中にある万物は自然の法則に従い、そしてこの自然法則には外部、すなわち例外は存在しません。超自然的な奇跡などは存在しないということです。

「神」という言葉を聞くと、宗教的なものを思い起こしてしまうことが多いと思います。ですが、スピノザの「神即自然」の考え方はむしろ自然科学的です。宇宙のような存在を神と呼んでいるのです。

このような神の概念は、意志をもって人間に裁きを下す神というイメージには合致しません。彼の思想が無神論と言われた理由はここにあります。

もちろんこれはおかしな話です。神を絶対者ととらえるのならば、スピノザのように考える他ないはずだからです。

しかし、そのような理屈が通用するはずがありません。教会権力が政治権力に勝るとも劣らぬ力をもっていた時代において、スピノザの考え方は人々には受け入れがたいものでした。別の言い方をすれば、それは非常に先進的であったわけです。

四　『エチカ』はどんな本か

どのように生きるかという問い

以上を踏まえて、『エチカ』の内容を見ていきましょう。

まず、タイトルの「エチカ」という言葉ですが、これは「倫理学」を意味するラテン語のethicaで、英語だとethicsになります。倫理学とはごく簡単に言えば、どのように生きるかを考える学問のことです。

エチカの語源はギリシア語のエートス（ethos）なのですが、ここまで遡るとおもしろいことが分かります。

「エートス」は、慣れ親しんだ場所とか、動物の巣や住処を意味します。そこから転じて、人間が住む場所の習俗や習慣を表すようになり、さらには私たちがその場所に住むにあたってルールとすべき価値の基準を意味するようになりました。

つまりエチカとしての倫理の根源には、自分がいまいる場所でどのように住み、どのように生きていくかという問いがあるわけです。

仮に道徳が超越的な価値や判断基準を上から押しつけてくるものだとすれば、倫理というのは、自分がいる場所に根ざして生き方を考えていくことだと言えます。この意味で、人間がどのように生きていくべきかを考えた本のタイトルに、スピノザがこの語を選んだというのはとても興味深いことです。

『エチカ』の構成

『エチカ』という本は書き方がちょっと変わっています。

それを説明しているのが、「幾何学的秩序によって論証された」というサブタイトルです。まるで数学の本のように、最初に用語の「定義」が示され、次に論述のルールを定める「公理」が来て、それからいくつもの「定理」とその「証明」がひたすら続き、そこに「備考」という補足説明が付いて……という形式が繰り返されるのです。

哲学の本というと長い地の文がずっと続く論文というイメージがあるかもしれませんが、『エチカ』は「定理一」から始まって「定理二」「定理三」と、短い断章のような文が連なってできているのです（補足説明である「備考」がかなり長い文章になっていたり、部のあたまに「序言」がついていたりすることもあります）。

読者がまず驚かされるのはこの形式だと思います。慣れないと読みにくいかもしれません。ただ、自分の気になる短い断章を見つけて、その周辺から読み始めるということもできるので、長い地の文を最初から読まなければならない哲学書よりは実は読みやすいかもしれません。

『エチカ』は全体が五部で構成されています。以下が各部のタイトルです。

第一部　神について
第二部　精神の本性および起源について
第三部　感情の起源および本性について

第四部　人間の隷属あるいは感情の力について
第五部　知性の能力あるいは人間の自由について

『エチカ』を手にした人は、おそらくこの本を冒頭から読もうとすると思うのですが、第一部「神について」を見てみると序文もなく、いきなり定義から始まるのです。一つ目の定義は次のようなものです。

自己原因とは、その本質が存在を含むもの、あるいはその本性が存在するとしか考えられえないもの、と解する。（第一部定義一）

最初からこのようなことを言われても、少し困ってしまうかもしれません。これは、神が自己原因であることを説明するために、あらかじめ自己原因という言葉を定義している箇所なのですが、出だしからつまずいてしまう読者も少なくないでしょう。序文もなく、思考の構築のプロセスに突如放り込まれるところから始まる点は『エチカ』を読み始める上での一つの難関かもしれません。

『エチカ』の扱い方

そこでまずはじめにお伝えしておきたいのは、別にここから読み始めなくてもいいということです。ぱらぱらと本をめくったり、後ろの索引を見たりしながら、気になる定理から読んでみればいいのです。

定理という断章が連なるこの本はむしろそのような読み方に向いています。なぜなら、どこから読み始めてもある程度理解できるからです。もっと知りたいと思ったら、そこから遡ったり、あるいは読み進めたりすればいい。もしかしたらこれはあらゆる哲学書について言えることかもしれません。

岩波文庫版だと上下巻で、下巻は第四部から始まっています。私が提案したい読み方は、下巻から読むことです。第四部の序文が、ちょうど『エチカ』全体の序文として読むこともできる内容になっているからです。ここを出発点にすると読みやすいだろうと思います。

カール・マルクスが『資本論』第二版の後書きで、「叙述方法は画然と研究方法と異なっていなければならぬ」(『資本論(一)』向坂逸郎訳、岩波文庫、三二頁)と言っています。スピノザの場合だって、彼が実際に思考を進めた順序と、『エチカ』の叙述の順序は同じではないのです。叙述の順序にこだわるあまり、最初から読み始めてつまずいてしまうのはもったいないことです。

五　組み合わせとしての善悪

『エチカ』第四部序言

実際にその第四部「人間の隷属あるいは感情の力について」に目を向けてみましょう。

第一部で神が詳しく定義されたあと、第二部では物理学的・生理学的な仕方で人間の「精神」と「身体」が議論されます。続く第三部では「感情」の本質が論じられ、それを引き継ぐのが第四部です。そこでは感情を統御する人間の無能力が「隷属」と呼ばれています。自分の感情の赴くままに動いている人間は、自分のことを自らの力のもとにあって自由だと思っているかもしれないが、そうではないというわけです。

実際に第四部の序文を読んでいきましょう。ここでは善悪の概念が検討されています。「善い」と「悪い」が独自の仕方で定義されることになります。

すべての個体はそれぞれに完全である

話は「完全」と「不完全」という概念の分析から始まります。私たちはこれらの言葉を日常的に使っています。たとえば建築途中の家を見ると不完全だ、つまり、完成していないと口にする。では、なぜそれを不完全と呼ぶかというと、私たちが完成された家についての一般的観念をもっていて、それと比較しているからです。たとえば、「まだ屋根がついていないから完成していない」という具合です。

完全／不完全は人間が作るものだけでなく、しばしば、自然界のものについても言われます。たとえば牛という動物について、牛の一般的観念と一致すれば、私たちはそれを完全と言い、そうでなければ不完全と言う。角が二本あれば完全だけれど、一本だから不完全だという具合です。

しかしこの一般的観念というのはいわゆる偏見です。これまで何度も見たものに基づいて作られた観念にすぎないからです。それぞれの個体はただ一つの個体として存在しているにすぎません。

そのことを指摘したスピノザは、すべての個体はそれぞれに完全なのだと言います。存在している個体は、それぞれがそれ自体の完全性を備えている。自然の中のある個体が不完全と言われるのは、単に人間が自分のもつ一般的観念、つまり「この個体はこうあるべきだ」という偏見と比較しているからであって、それぞれはそれぞれにただ存在しているのである。

このことはいわゆる心身の「障害」にも当てはまります。「障害」というのも、マジョリティの視点から形成された一般的観念に基づいて判断されているにすぎません。個体それ自体は、一個の完全な個体として存在しているのです。

それ自体として善いものも悪いものもない

さて、善悪の話が始まるのはここからです。自然界に完全／不完全の区別が存在しないように、自然界にはそれ自体として善いものとか、それ自体として悪いものは存在しないとスピノザは言います。印象的な一節を引用してみましょう。

善および悪に関して言えば、それらもまた、事物がそれ自体で見られる限り、事物における何の積極的なものも表示せず、思惟の様態、すなわち我々が事物を相互に比較することによって形成する概念、にほかならない。なぜなら、同一事物が同時に善および悪ならびに善悪いずれにも属さない中間物でもありうるからである。例えば、音楽は憂鬱の人には善く、悲傷の人には悪しく、聾者には善くも悪しくもない。(第四部序言)

「思惟の様態」という少し難しい言い回しが出ていますが、いまのところは飛ばして読んでください。前半は自然界に善悪が存在しないことを述べています。事物は「それ自体で見られる限り」、善いとか悪いとかは言えない。つまり、それ自体として善いものとか、それ自体として悪いものは存在しない。それは自然界に完全/不完全の区別がないのと同じである。

善悪は物事の組み合わせで決まる

興味深いのはその理由を示す後半部です。完全／不完全の考えは、我々が形成する一般的観念との比較によってもたらされるのでした。では、自然界には存在しない善悪の考えが私たちのもとにもたらされるのはどのようにしてでしょうか。

スピノザはここで、組み合わせとしての善悪という考え方を提案します。例として取り上げられているのは音楽です。

「憂鬱の人」、つまり落ち込んでいる人と音楽が組み合わされると、その人には力が湧いてきます。その意味で落ち込んでいる人にとっては音楽は善いものです。「悲傷の人」というのは、たとえば亡き人を悼んでいる状態にある人のことです。そのような人にとっては、音は悲しみに浸るにあたって邪魔であるかもしれません。そのような意味でその人にとって音楽は悪い。「聾者」、つまり耳が不自由な人には、音楽は善くも悪くもありません。

音楽それ自体は善くも悪くもない。ただそれは組み合わせによって善くも悪くもなる。つまり、自然界にはそれ自体として善いものや悪いものはないけれども、うまく組み合わさるものとうまく組み合わさらないものが存在する。それが善悪の起源だとスピノザは考えているわけです。

たとえばトリカブトという植物について考えてみましょう。よく知られているように、トリカブトが人間の中に入ると、人間の身体組織を何らかの仕方で破壊します。だからトリカブトは「毒」と言われます。しかし、それはトリカブトと人間の組み合わせが悪いということを示しているにすぎません。トリカブト自体はただ一つの完全な植物として自然界に存在しているだけです。トリカブト自体は悪くない。人間とうまく組み合わさることができないだけなのです。

あるいは、私がよく挙げるのが鼻水の薬の例です。鼻水の薬というのは、鼻水が出て困っている人にとっては、鼻水が止まるので善いものです。この薬によって普段通りに活動できるようになる。けれども、鼻水の薬は涙腺や唾液腺の分泌を抑えることで鼻水を止めています。ですから、鼻水に困っていない人が飲むと、喉が渇いて非常に困ることになる。その人にとっては鼻水の薬は悪いものだということです。

善は活動能力を高める

さて、スピノザはこうして、世間一般で用いられている完全／不完全、善／悪の考え方のどこに問題があるかを明らかにしました。自然界には完全／不完全の区別などないし、それ自体として善であるものも悪であるものも存在しません。

では、完全／不完全、善／悪といった言葉を使うのはやめようということなのかというと、そうではありません。スピノザは以上を踏まえた上で、これらの言葉を再定義して使い続けることにしようと提案します。

理由は別に難しいことではありません。

いまスピノザが考えようとしているのは、いかに生きるべきかという問いです。この倫理学的問いに答えるためには、望ましい生き方と望ましくない生き方を区別することが必要です。もし完全も不完全もないし、善も悪もないというだけだったら、どんな生き方をしても変わりないということになってしまいます。ですから、世間一般でのこれらの用語の用いられ方を一度批判的に検討した上で、やはり善い生き方、悪い生き方を考えなければならないと提案しているわけです。少し別の言い方をすると、もし善いとか悪いとか言うならば、こういう意味で言うべきじゃないかと提案しているわけです。

では何が善くて何が悪いのでしょうか。スピノザはあくまでも組み合わせで考え続けます。

先ほどの例に戻ってみましょう。なぜ音楽は「憂鬱の人」にとって善いのでしょうか。それは音楽が落ち込んでいる人の心を癒やし、もっていた力を取り戻す手助けをしてくれるからでしょう。つまり力を高めてくれるからです。スピノザはこのことを「活動能力が高まる」という言い方で表現します。第四部ではこのことが次の定理で説明されています。

我々は我々の存在の維持に役立ちあるいは妨げるものを〔……〕、言いかえれば〔……〕我々の活動能力を増大しあるいは減少し、促進しあるいは阻害するものを善あるいは悪と呼んでいる。（第四部定理八証明）

私にとって善いものとは、私とうまく組み合わさって私の「活動能力を増大」させるものです。そのことを指してスピノザは、「より小なる完全性から、より大なる完全性へと移る」とも述べます。完全性という言葉もこのような意味で使い続けようというわけです。

この考え方は、言うまでもなく、自然界にはそれ自体としては善いものも悪いものも存在しないという考え方と矛盾しません。たとえば胃が丈夫な人にとって、ステーキは元気になって活動能力を高める善い食べ物かもしれませんが、胃弱の人には、お腹が痛くなって活動能力を弱めてしまう悪しき食べ物かもしれません。すべては組み合わせであり、善い組み合わせと悪い組み合わせがあるだけです。

倫理学は個別の実験を求める

ここからもう一度、いわゆる道徳とスピノザ的な倫理の違いについて考えることができるでしょう。

道徳は既存の超越的な価値を個々人に強制します。そこでは個々人の差は問題になりません。

それに対しスピノザ的な倫理はあくまでも組み合わせで考えますから、個々人の差を考慮するわけです。たとえば、この人にとって善いものはあの人にとっては善くないかもしれない。この人はこの勉強法でうまく知識が得られるけれども、あの人はそうではないかもしれない。そのように個別具体的に考えることを、スピノザの倫理は求めます。

個別具体的に組み合わせを考えるということは、何と何がうまく組み合うかはあらかじめ分からないということでもあります。たとえばこのトレーニングの仕方が自分には合っているのかどうか、それはやってみないと分かりません。その意味で、スピノザの倫理学は実験することを求めます。どれとどれがうまく組み合うかを試してみるということです。

もともとは道徳もそのような実験に基づいていたはずです。それが忘れられて結果だけが残っているのです。ですから、道徳だから拒否すべきだということにはなりません。ただ、個々人の差異や状況を考慮に入れずに強制されることがあるならば、注意が必要になるわけです。

六　善悪と感情

喜びと悲しみ

スピノザの善悪の考え方は、その感情論と直結しています。簡単に見ておきたいと思います。

スピノザは感情を大きく喜びと悲しみの二つに分けているのですが、より大なる完全性へと移る際には、我々は喜びの感情に満たされるのだと言っています。反対の場合は悲しみです。『エチカ』では、大きく二つに分けられた感情がさらに細かく分析されます。たとえば愛という喜び、共感の喜びなどです。

ねたみ分析

興味深いのはむしろ悲しみの感情の分析のほうで、たとえば、ねたみの分析などは実に見事です。

スピノザは「何びとも自分と同等でない者をその徳のゆえにねたみはしない」と言います（第三部定理五五系）。たとえば鳥が空を飛んでいるのを見ても私たちは「なんであいつらだけ飛べるんだ！　ずるい！」などとは思いません。鳥は自分たちと同等だとは思っていないからです。

しかし、たとえば自分が同等だと思っていたクラスメートが優遇されたり、自分よりも高い能力を示したりすると、とたんに私たちはねたみの感情に襲われます。同等だと思うがゆえにねたむわけです。「なんであいつだけ……」というわけです。

スピノザによれば、ねたみは憎しみそのものであり、したがって悲しみの感情です。そうやってねたんでいる時、私たちはより小なる完全性へと向かいつつあり、活動能力を低下させていることになります。つまり自分のもっている力を十分に発揮できない状態です。自分の外側にある原因（ねたみの対象）に自分が強く突き動かされてしまっているわけですから、自分の力を十分に発揮できない、つまり活動能力が低下しているのです。

スピノザにおける善悪の考え方の基本的なラインを説明しました。まだ疑問に思う点もあるかもしれませんが、関係する論点はこの後、一つひとつ取り上げていくつもりですので、ゆっくりお付き合いください。

次章では、スピノザの考える「活動能力」についてより詳しく見ていきたいと思います。

第二章　コナトゥスと本質

一　コナトゥスこそ物の本質

自分の存在を維持しようとする力

第一章では、自然界には完全／不完全の区別も、それ自体としての善も悪もないというスピノザの考え方を見てきました。では、それらが存在しないのならば、我々は何を指針に生きていけばいいのか。そこで出てきたのが組み合わせとしての善悪という発想です。

たとえばこの音楽は私の活動能力を高めてくれる、この食べ物は活動能力を低めてしまうという風に、活動能力の増減というものに、生きる上での一つの基準を求めたわけです。活動能力というのは、つまりは力です。自分のもつ力が、組み合わせによって上がったり下がったりする。

本章ではいくつか新しい言葉を紹介していきますが、最初に見ておきたいのが、ラテン語で「コナトゥス conatus」というスピノザの有名な概念です。あえて日本語に訳せば「努力」となってしまうのですが、これは頑張って何かをするという意味ではありません。「ある傾向をもった力」と考えればよいでしょう。コナトゥスは、個体をいまある状態に維持しようとして働く力のことを指します。医学や生理学で言う恒常性（ホメオスタシス）の原理に非常に近いと言うことができます。

たとえば私という個体の中の水分が減ると、私の中に水分への欲求が生まれ、それが意識の上では「水が欲しい」という形になります。私たちの中ではいつも、自分の恒常性を維持しようとする傾向をもった力が働いています。

コナトゥスを定義した定理が次のものです。

おのおのの物が自己の有〔引用者注：存在〕に固執しようと努める努力はその物の現実的本質にほかならない。（第三部定理七）

文中の「有」という訳語より、「存在」としたほうがわかりやすいかもしれません。ここで「努力」と訳されているのがコナトゥスで、つまり「自分の存在を維持しようとする力」のことです。

本質を「形」とする見方

大変興味深いのは、この定理でハッキリと述べられているように、ある物がもつコナトゥスという名の力こそが、その物の「本質essentia」であるとスピノザが考えていることです。

「本質」は日常でもよく使われる言葉ですが、哲学から来ています。「本質」が「力」であるというスピノザの考え方は、それだけを聞いても「ふーん、そうですか」という感じかもしれません。しかし哲学史の観点から見ると、ここには非常に大きな概念の転換があるのです。

古代ギリシアの哲学は「本質」を基本的に「形」ととらえていました。ギリシア語で「エイドス」(eidos) と呼ばれるものです。これは「見る」という動詞から来ている単語で、「見かけ」や「外見」を意味します。哲学用語では「形相」と訳されます。英語ではformです。

物の本質はその物の「形」であるという考え方も、それだけを聞くと特に驚くべきものではないと思われるかもしれませんが、実は私たちの考え方はこれと無関係ではありません。

たとえば競馬場や牧場で見る馬と、アフリカのサバンナにいる野生のシマウマとを、私たちは同じ馬だと考えます。色や模様は違うけれど、どちらも馬の形をしているからです。

でも実際には、両者の生態は全く異なっています。家畜化された馬は人を背中に乗せることができますが、野生のシマウマに乗ることはできないそうです。動物は普通、自分の背中を預けるなどという危険なことはしないからです。つまり、家畜化された馬がもっている力と、シマウマがもっている力はその性質が大きく異なっている。

力の性質に注目すると、馬とシマウマはまるで別の存在として現れます。にもかかわらず、私たちはそれらを形でとらえるから、両者を同じく馬だと考えるわけです。

このエイドス的なものの見方は、道徳的な判断とも結びついてきます。人間について考えてみましょう。

たとえば男性と女性というのも、確かにそれぞれ一つのエイドスとしてとらえることができます。そうすると、たとえばある人は女性を本質とする存在としてとらえられることになる。その時、その人がどんな個人史をもち、どんな環境で誰とどんな関係をもって生きてきて、どんな性質の力をもっているのかということは無視されてしまいます。その代わりに出てくるのは、「あなたは女性であることを本質としているのだから、女性らしくありなさい」という判断です。エイドスだけから本質を考えると、男は男らしく、女は女らしくしろということになりかねないわけです。

「力」こそ本質とする転換

それに対しスピノザは、各個体がもっている力に注目しました。物の形ではなく、物がもっている力を本質と考えたのです。

そう考えるだけで、私たちのものの見方も、さまざまな判断の仕方も大きく変わります。「男だから」「女だから」という考え方が出てくる余地はありません。

たとえば、この人は体はあまり強くはないけれども、繊細なものの見方をするし、人の話を聞くのが上手で、しかもそれを言葉にすることに優れている。だからこの人にはこんな仕事が合っているだろう……。そんな風に考えられるわけです。

そして、当然ながら、このような本質のとらえ方は、前章で見た活動能力の概念に結びついてきます。

活動能力を高めるためには、その人の力の性質が決定的に重要です。一人ひとりの力のありようを、具体的に見て組み合わせを考えていく必要があるからです。エイドスに基づく判断（「男だから」「女だから」）は、その意味で実に抽象的であると言うことができます。

ここにも『エチカ』のエートス的な発想が生きていると言えるでしょう。どのような性質の力をもった人が、どのような場所、どのような環境に生きているのか。それを具体的に考えた時にはじめて活動能力を高める組み合わせを探し当てることができる。ですから、本質をコナトゥスとしてとらえることは、私たちの生き方そのものと関わってくる、ものの見方の転換なのです。

二　変状する力

「触発される力」の差異

前章でも紹介した哲学者のジル・ドゥルーズがこのことを大変印象的な仕方で説明してくれています。引用してみましょう。

たとえば農耕馬と競走馬とのあいだには、牛と農耕馬のあいだよりも大きな相違がある。競走馬と農耕馬とでは、その情動もちがい、触発される力もちがう。農耕馬はむしろ、牛と共通する情動群をもっているのである。（『スピノザ　実践の哲学』前掲、二四〇頁）

「情動」とは広い意味での感情のあり方を指していると考えてください。「触発される力」とは、ある刺激を受けて、それに反応し応答する力のことを指しています。同じ馬でも、農耕する馬と競走する馬とでは、この「触発される力」が大きく違うというわけです。

つまり、どういう刺激に対して、どう反応するかが違う。私は農耕馬や競走馬に触れたことはほとんどありませんが、そこに違いがあるのは想像できます。競走馬は周囲の速度に反応し、速さを目指す動きをするでしょう。それに対し、農耕馬の「触発される力」はむしろ、同じようにゆっくり畑を耕す牛に近い。

さらに、これは人間を例にとって考えるとよく分かることですが、ある刺激に対してどう反応するかというのは、人によっても異なりますが、それだけでなく、同じ人でも時と場合によって異なります。私は音楽は好きですが、疲れ切っている時にはあまり聴きたくない。けれども調子がいい時は、いい音楽を聴くととてもいい気持ちになって、活動能力が上がる。人の中にある力というものはかなり大きな振り幅をもって変化しています。だから、刺激に対する反応の仕方も時と場合に応じて大きく変化します。スピノザもそのことを指摘しています。

異なった人間が同一の対象から異なった仕方で刺激されることができるし、また同一の人間が同一の対象から異なった時に異なった仕方で刺激されることができる。(第三部定理五一)

「変状」と「欲望」

ここで言う反応、つまり刺激による変化のことを、スピノザは「変状 affectio」と呼びます。もう少しスピノザに即して言うと、変状とは、ある物が何らかの刺激を受け、一定の形態や性質を帯びることを言います。

先にドゥルーズからの引用に出てきた「触発される力」とは、ある刺激を受けて「変状する力」のことです。「変状」は専門的な用語ですが、『エチカ』を読むにあたって最重要の単語の一つですので、押さえておきます。

変状する力は、コナトゥスを言い換えたものです。たとえば暑さという刺激を受けると、発汗という変状が身体に起こります。これは熱を冷ますための反応であり、コナトゥスの作用ですね。力としての本質の原理がコナトゥスであり、それは変状を司るという意味では「変状する力」としてとらえることができると考えればよいでしょう。

私たちは常にさまざまな刺激を受けて生きているわけですから、うまく生きていくためには、自分のコナトゥスの性質を知ることがとても大切になるわけです。

スピノザはさらにこの本質としての力を「欲望」とも呼んでいます。

さてまた欲望は、各人の本質ないし本性がその与えられたおのおのの状態においてあることをなすように決定されたと考えられる限り、その本質ないし本性そのものである。（第三部定理五六証明）

少し分かりにくい文章ですが、次のように読み解くことができます。本質は力です。力ですから、それは刺激に応じてさまざまに変化します。たとえば私の本質は、aという刺激によって、Aという状態になることを「決定」される。そしてそのAという状態は私に、「あることをなすよう」働きかけます。この働きかけが欲望であり、その欲望は本質そのものだと言っているわけです。

話が循環しているように思われるかもしれませんが、スピノザはここで、本質が力であることを頑張って説明しようとしているのです。

普通は、不変の本質があって、その上で欲望という移り気なものが働くと考えられています。しかしスピノザは、力としての本質が変化しながらたどり着く各々の状態が、欲望として作用すると言っているわけです。

喜びをもたらす組み合わせを見つける

たとえば他人から嫌みを言われたとする。強い精神の持ち主ならば、軽く受け流す。つまりほんの少しの変状しか起こりません。しかし繊細な精神の持ち主や、活動能力がやや低めの状態にある人であれば、強いショックを受けるかもしれない。すると、その人の変状する力は、嫌みという刺激に対し、精神の不安定という変状をもたらします。力は低下し、外部からのネガティヴな刺激に対してよりいっそう脆弱な状態に置かれるでしょう。

すると、その不安定な状態を何とか脱出しようというコナトゥスが働き、たとえばそれを忘れようとか、気にしないようにしようという欲望が生まれる。しかし、そもそも力が低下しているから、それはなかなかうまくいかないでしょう。スピノザはこうした一連の過程において働いている力が同一の力であると考えているわけです。

スピノザは力が増大する時、人は喜びに満たされると言いました。するとうまく喜びをもたらす組み合わせの中にいることこそが、うまく生きるコツだということになります。

世間には必ずネガティヴな刺激があります。これはスピノザの非常に強い確信でもありました。それによって自分をダメにされないためには、実験を重ねながら、うまく自分にあう組み合わせを見つけることが重要になるわけです。そしてそのためには、農耕馬と競走馬の違いを見るような視点が大事になるのです。

「エチカ」と「エソロジー」

人間は単に男であったり女であったりするわけではなくて、常に具体的な環境と歴史と欲望が交錯する中で生きている。その中で出来上がる力としての本質は一人ひとり大きく異なります。どういう組み合わせならうまくいくかは、エイドスという形として本質を考えるだけではわからない。「お前は女だからこうしろ」「子どもだからこうしろ」「老人だからこうしろ」というのは、その人の本質を踏みにじることになるのです。

これはドゥルーズが指摘していることですが、このようなスピノザの考え方を、「エソロジー ethology」の考え方になぞらえることができます。エソロジーというのは、「生態学」や「動物行動学」と訳される、生物学の比較的新しい分野です。生物学は、動植物などの形態を分類し、記述することを基本とします。それに対しエソロジーでは、生物がどういう環境でどういう行動を示しながら生きているのか、つまり具体的な生態を観察し、記述するという研究方法をとります。

その発想の始まりには、みなさんもご存じの昆虫学者ファーブル（一八二三〜一九一五）がいます。私は、ファーブルはある意味でスピノザに近いのではないかと思います。

「エソロジー」の語源は、前章で見た「エチカ」の語源とまったく同じ、ギリシア語の「エートス」です。スピノザのエチカとエソロジーは、生物や人間が生きている場所や環境に注目し、その中でどのように生きているのかに注目するという意味で発想を同じくしていると言えるでしょう。エソロジー的な視点によってエチカが可能になるとも言えます。

スピノザによる本質概念の転換は本当に豊かな意味をもっているのです。

三　多くの仕方で刺激されうる状態になること

以上の原理的な考察を踏まえて、少し応用的な話に移りましょう。

先ほど、刺激と変状の話をしましたが、その刺激についてスピノザは非常に興味深いことを述べています。

受け取れる刺激の幅を広げるもの

　人間身体を多くの仕方で刺激されうるような状態にさせるもの、あるいは人間身体をして外部の物体を多くの仕方で刺激するのに適するようにさせるものは、人間にとって有益である。〔……〕これに反して身体のそうした適性を減少させるものは有害である。（第四部定理三八）

人間は実に多くの刺激の中で生きています。世の中には実に多くの刺激がありま す。しかし実際には我々はその中からほんのわずかなことだけを受け取って生きています。

たとえば、私は哲学の話題には強く反応しますけれども、スポーツの話題にはほとんど反応しません。ですから、目の前にスポーツの情報があってもそれを受け取りません。

刺激への反応は精神状態にも強く依存します。

たとえば私は自然の変化にも疎いので、木々の変化に目をやることもあまりありません。けれども、時折、紅葉する木々を見て、「ああ、きれいだなぁ」と思うことがあります。おそらく精神的に余裕がある時でしょう。もし焦りの状態にあったならば、そこに目をやることも、それに感じ入ることもないでしょう。

人間が反応できる刺激の数は限られています。あらゆる刺激に反応していたならば、精神はパンクしてしまいます。しかし、多くの刺激に反応できるようになれば、それは必ずや人生を豊かにしてくれます。

たとえば、外国語を勉強すれば、外国語で書かれた本からの刺激や、外国語での会話から得られる刺激に反応できるようになります。音楽を勉強すれば、音楽が違って聞こえてくる。美味しい食事を食べていれば、さまざまな味の刺激を受け取れるようになり、食事をもっと楽しめる。

私はスピノザと違って、絵も描かないし、釣りもしないのですが、もしそれをやるようになったら、世界は違って見えるでしょう。これまで受け取ったことのなかった刺激を世界から受け取ることになるからです。

スピノザが「人間身体を多くの仕方で刺激されうるような状態にさせるもの」と言っているのは、このようにして受け取れる刺激の幅を広げてくれるもののことです。たとえば精神的な余裕はこれに当たるでしょう。また学ぶという行為もそれに当たります。それをスピノザは「有益」と言っているのです。

考えてみればこれはごく当たり前のことです。そして、当たり前のことですが、大切なことです。こういうとても常識的なことをしっかり書き記しているところも『エチカ』の面白いところです。

「賢者」とは楽しみを知る人

次の「賢者」の話も、私の好きな箇所です。

もろもろの物を利用してそれをできる限り楽しむ〔……〕ことは賢者にふさわし

い。たしかに、ほどよくとられた味のよい食物および飲料によって、さらにまた芳香、緑なす植物の快い美、装飾、音楽、運動競技、演劇、そのほか他人を害することなしに各人の利用しうるこの種の事柄によって、自らを爽快にし元気づけることは、賢者にふさわしいのである。（第四部定理四五備考）

これはまさしく「多くの仕方で刺激されうるような状態」にある人のことです。「嘲弄」ではない笑いやユーモアは「純然たる喜び」であり、そうした喜びに満ちた生活こそ「最上の生活法」だとも述べられています。そういう生活法を知っている人こそが賢者なのです。

賢者とは難しい顔をして山にこもっている人のことではありません。賢者とは楽しみを知る人、いろいろな物事を楽しめる人のことです。なんとすばらしい賢者観でしょうか。

私たちは「身体が何をなしうるか」を知らない

前章では、スピノザのエチカは実験することを求めるという話をしました。それに関連するスピノザの有名な言葉があります。私たちは「身体が何をなしうるか」を知らないというものです（第三部定理二備考）。

これは身体一般が何をなしうるかを我々は知らないという意味でもありますし、私の身体が何をなしうるかを私は知らないという意味でもあります。

さらには、身体だけではありません。私の精神が何をなしうるのかも私にはよく分かっていません。それを知ることは、私の精神や身体がより多くの仕方で刺激されるようになることにつながります。

それは教育の役割でもあるでしょう。

おそらく優れた教育者や指導者というのは、生徒や選手のエイドスに基づいて内容を押しつけるのではなくて、生徒や選手自身に自分のコナトゥスのあり方を理解させるような教育や指導ができる人なのだと思います。

そう考えると、古典芸能などで言う「型」というのは、その型を経ることで自分の力の性質を知ることができる、そのようなものなのかもしれません。

四　コナトゥスと「死」の問題

自殺や拒食は外部の原因による

さて、スピノザのコナトゥスの考え方を聞いてこんな反論を思いつく方もいるかもしれません。どんな存在にも自分の存在を維持しようとする力が働いているとすれば、自殺はなぜ起こるのかという反論です。

実はスピノザはこの問いについても答えを用意しています。

あえて言うが、何びとも自己の本性の必然性によって食を拒否したり自殺したりするものでなく、そうするのは外部の原因に強制されてするのである。（第四部定理二〇備考）

つまり自殺の場合、本人には意識されないかもしれないが、何らかの外部の原因がそれを強制しているということです。

コナトゥスはもちろん働くけれども、その原因が圧倒的であり、いわばキャパシテイオーバーになってしまう。たとえば、幼い頃、激しい虐待を受けていて、その記憶に耐えきれず、生きるのがつらい。あるいは何かの責任に追い詰められて、その状況の苦しさに耐えることができない。

ポイントは自殺と呼ばれているものであっても、自分が原因になっているのではなくて、外部に原因が、しかも圧倒的な原因があるということです。

驚くべきことにスピノザはここで「食の拒否」という拒食症に近いことまで考えています。

実際にここで想定されているのが拒食症に近いものであるのか、一七世紀に拒食症のような症状が知られていたのか、私には分かりません。いずれにせよ、それは自分のコナトゥスが外部の圧倒的な原因によって踏みにじられた状態において起こるとスピノザは考えているわけです。

これは活動能力を低めるどころか、力そのものが踏みにじられる状態です。外部の力によって自分が完全に支配されてしまい、うまく自分のコナトゥスに従って生きることができない。スピノザは自殺や食の拒否のことまで考えてコナトゥスという概念を提示しているのです。

「死」とは本質が組み換わること

では、死についてはどう考えればよいのでしょうか。本質を力としてとらえるスピノザ哲学からはどのような死の概念が導き出せるのか。

スピノザは次のように述べています。

人間身体は死骸に変化する場合に限って死んだのだと認めなければならぬいかなる理由も存しない［……］。（第四部定理三九備考）

いわゆる死、私が死骸になる死というのは、私の本質を支えていた諸々の部分の関係が変化し、別物になってしまうということです。ですが、そのような変化は死骸になる時にだけ起こることではないとスピノザは言っているわけです。

この箇所では「あるスペインの詩人」のエピソードが紹介されています。その詩人は病気にかかり、そこから回復はしたものの、自分の過去を忘れてしまって、自分がかつて作った物語や悲劇を自分の作品だと信じなかったというのです。

スピノザはこの詩人は一度死んだも同然であると考えます。個体の中の諸部分の組み合わせ、この場合にはこの詩人の精神の中の諸部分の組み合わせかもしれませんが、それが本格的に変更され、ある閾値を超えた時、本質は全く違うものに生まれ変わることがありうる。それはある種の「死」であるというわけです。

スピノザは子どもの成長の例も挙げています。大人は、自分がかつて子どもであったことを信じることができないほどに、いまの自分の本質と子どもの時の本質が異なることを知ります。ここでも人は一度生まれ変わっている、つまりある意味で一度死んでいると考えられるというわけです。

五　万物は神の様態

私たちは神という「実体」の変状である

ここで『エチカ』の専門用語を少し解説しておきたいと思います。

スピノザは「おのおのの物は自己の及ぶかぎり自己の有に固執するように努め

る」（第三部定理六）という定理でコナトゥスの概念を提示した際、その「証明」の中で次のように書いています。

なぜなら、個物は神の属性をある一定の仕方で表現する様態である〔……〕、言いかえればそれは〔……〕神が存在し・活動する神の能力をある一定の仕方で表現する物である。（第三部定理六証明）

スピノザの用語を理解していなければとても読み解けない一節です。ですが、スピノザ哲学の根幹を説明した一節でもあります。頑張って解説していきましょう。

ここに出てくる「変状」という概念についてはすでに触れました。物が何らかの形態や性質を帯びることを変状と言います。ここにはそれに加えて、「属性」と「様態」という専門用語が使われています。この一節はスピノザにおける個物の地位、より詳しく言うと、神と個物の関係を説明したものです。

前章で、神は無限であり外部がない。したがって、私たちも含めた万物がその中にいるのだという話をしました。だからこそ神は自然と同一視されるのであり、その自然は宇宙と呼んでもよいと言いました。実は、私たちは神の中にいるだけではありません。私たちは神の一部でもあります。万物は神なのです。

このことを説明するためには、神のもう一つの定義を紹介しなければなりません。神は自然であるだけでなく、「実体 substantia」とも呼ばれます。

実体というのは哲学で古くから使われてきた言葉ですが、その意味するところは決して難しくはありません。実体とは実際に存在しているもののことです。神が実体であるとは、神が唯一の実体であり、神だけが実際に存在しているということを意味しています。

実際に存在しているのが神だけだとすると、私たちはどうなってしまうのでしょうか。

私たちは神という実体の変状であるというのがスピノザの答えです。つまり、神の一部が、一定の形態と性質を帯びて発生するのが個物であるわけです。

個物はそうやって生じる変状ですから、条件が変われば消えていきます。しかし個物は消えても、実体は消えません。

スピノザは水を例にしてこんな風に述べています。

水は水としては生じかつ滅する。しかし実体としては生ずることも滅することもない。（第一部定理一五備考）

水は化学的に分解してしまうこともあるでしょうし、固体や気体にもなります。しかし、水へと変状していた実体が消え去るわけではありません。これは質量保存の法則にも似た科学的な考え方だと思います。

神を無限に広がる一枚のシーツのようなものにたとえれば分かりやすいかもしれません。シーツに皺が寄ると、さまざまな形や模様ができますが、それが変状としての個物です。シーツを引っぱると皺は消え、また元の広がりに戻りますが、シーツは消えません。

万物は神の存在の「様態」である

さて難しいのは、先の引用部からも分かるように、この個物が「様態」と呼ばれていることです。様態はラテン語で modus であり、英語で言うと mode です。ファッションで言う「モード」と同じです。

なぜ個物がモードなのか。これは読者が引っかかるところでしょうし、私自身もずっとこれが解せずにいました。モードという言葉は、「仕方」とか「やり方」とか「様式」を意味します（ファッションで言う「モード」とは「流行しているモード」を省略した言い方です）。スピノザはつまり、私たち一人ひとりが「仕方」や「やり方」や「様式」だと言っているわけです。

どういうことでしょうか。

ポイントは変状にあります。私たち一人ひとりは神の一部であり、神の変状したものでした。神は変状してさまざまなものになります。私たち人間のようなものとしても存在できるし、水のような透明でさらさらしたものとしても存在できるし、太陽のように強力なエネルギーを発するものとしても存在できる。神は実にさまざまな仕方で存在できる。

すると、私たちを含めた万物は、それぞれが、神が存在する様式であると考えられます。そもそも自然は無限に多くの個物からなっているわけですから、神はそれら個物として存在している。個物は神が存在する仕方であり、その存在の様式なのです。これこそ、個体が様態と呼ばれるゆえんです。

この論点はさらに敷衍することができます。個物が、神が存在するにあたっての様式であるとしたら、それぞれの個物はそれぞれの仕方で、神が存在したり作用したりする力を表現していると考えることができます。

人間の存在は「神は人間みたいな仕方でも存在できるんだぞ」と、水の存在は「神は水のような仕方でも存在できるんだぞ」と、太陽の存在は「神は太陽のような仕方でも存在できるんだぞ」と、それぞれの個物が神の力を表現していると考えられるわけです。個物が「神が存在し・活動する神の能力をある一定の仕方で表現する」というのはそういう意味です。

ここから分かるのは、神の力といっても、何か神秘的な、無規定な力ではないということです。

たとえば、神は人間のような仕方では存在できますが、超能力者のような仕方では存在できません。なぜならば、神の力とは自然の法則そのもののことであるからです。個物が神の力を表現しているということは、自然の中で働いている、自然法則という力を表現しているということなのです。

スピノザの言う様態について、ジョルジョ・アガンベン（一九四二〜　）というイタリアの哲学者が面白いことを言っています。個物、すなわち様態は名詞ではなくて、副詞のようなものだというのです（『身体の使用』上村忠男訳、みすず書房、二七六頁）。私たち一人ひとりを実体だと考えるならば、一人ひとりが名詞のような存在だということになるでしょう。これはアリストテレスやデカルトなどの考え方に対応しています。

ところが、スピノザの考えでは実体は神だけです。私たち一人ひとりは、神の存在の仕方を表現する様態でした。ならばこんな風に考えられます。ちょうど副詞が動詞の内容を説明するようにして、私たち一人ひとりは神の存在の仕方を説明しているというわけです。

rapidly（速く）とかslowly（ゆっくり）とかclearly（はっきり）など、副詞は名詞とは異なり、主語としては存在できません。それは動詞や形容詞などのありさまを説明し、表現するものです。ならば、確かにスピノザの言う様態は、神にとって副詞のようなものだと考えることができます。

ただし、スピノザは様態を幻想のようなものと考えているわけではないことには注意しなければなりません。

確かに様態は、神という実体の変状にすぎません。しかし、本章で見てきた通り、それぞれの様態は個物としての本質をもっています。神の変状であり、神の一部であるけれども、それぞれが神であるわけではないし、それは幻想でもない。それぞれの個物は本質をもつ。この繊細な論理構成にスピノザ哲学の妙味があると言ってもいいでしょう。

六　神は無限に多くの属性から成る

「属性」は心身二元論を否定する

もう一つ、「属性」という言葉にも説明が必要だと思います。

この言葉は一般的には実体がもつ性質を意味します。スピノザの考える属性は、この一般的定義と矛盾するわけではないのですが、そこには独特の意味が込められています。属性はスピノザ哲学の中でも最難関の概念の一つなのですが、頑張って説明を試みましょう。

スピノザの属性概念は、デカルトの「心身二元論」(精神と身体(物体)をそれぞれ独立したものとする考え方)への批判として捉えることができます。デカルトは精神と身体を分け、精神が身体を操作していると考えました。巨大ロボットの頭に小さな人間が乗って操縦しているイメージですね。

それに対しスピノザは、精神が身体を動かすことはできない、というか、そもそも精神と身体をそのように分けることがおかしいと考えました。精神で起こったことが身体を動かすのではなくて、精神と身体で同時に運動が進行すると考えたのです。これを「心身並行論」と言います。

たとえば怒りに駆られた時、怒りの観念が確かに精神の中に現れますが、同時に体が熱くなったり、手が震えたりします。落胆すると、その観念が精神の中に現れますが、同時に体の力が抜けます。それらは私という様態の中で同時に起こっていることです。

ただ人間は、精神に対応する「思惟」と、物体に対応する「延長」という二つの属性を知ることができるので、一つにすぎないものを分けて考えてしまいます。精神は精神、身体は身体と考えてしまう。

スピノザはそれを批判しました。同じ一つの事態が、思惟の属性と延長の属性の両方で表現されているにすぎないと考えたのです。

これを神の側から見てみましょう。

神という実体が変状して様態が生まれます。その様態は思惟の属性においても存在するし（たとえば人間の精神）、延長の属性においても存在する（たとえば人間の身体）。思惟も延長も、いずれも神の属性であるからです。そして先に見た通り、そのそれぞれが神の力を表現している。「個物は神の属性をある一定の仕方で表現する様態」とはこの事態を意味しています。

とても難しい理論と思われるかもしれませんし、実際に難しいのですが、先に述べたように、心身二元論への批判である点が分かれば多少理解しやすくなると思います。スピノザは精神が身体を操縦しているという考え方を何としてでも斥けようとしているわけです。

思惟と延長以外にも属性がある

スピノザ哲学の最難関概念である属性を何とか説明してみましたが、実際には『エチカ』では属性についてもっと厄介なことが述べられています。

いまは人間に理解できる思惟と延長の二つの属性だけを取り上げました。しかしスピノザは、神は思惟と延長の二つの属性だけでなく、無限に多くの属性を有していると書いているのです。

神、あるいはおのおのが永遠・無限の本質を表現する無限に多くの属性から成っている実体、は必然的に存在する。（第一部定理一一）

神は精神に対応する思惟と物体に対応する延長の二つの属性だけでなく、無限に多くの属性から成っている。しかし、人間はその知性的限界故に、そのうちのたった二つしか知ることができない。

このテーマはここではとても扱い切れません。しかしスピノザが何か途方もないことを考えていたことは知っておいていただきたいと思います。

もしかしたら理論物理学が進歩して、この二つの属性以外の属性を明らかにしてくれる日が来るかもしれません。実際、理論物理学にはいま、ユニヴァース（universe：「uni」は「単一の」という意味）ならぬマルチヴァース（multiverse）なるものを論じる「多元宇宙論」という分野が存在しています。もちろんそれはスピノザとは直接は関係ないかもしれません。しかしどこかスピノザの発想に通ずるものを感じるのです。思惟でも延長でもない様態とはいかなるものなのか。分かるはずがないのかもしれませんが、この謎めいたテーゼに私は時折思いを馳せます。

七　コナトゥスと社会の安定

一人ひとりの自由が社会の安定につながる

本章では、力としての本質というテーマを見てきました。「本質」という言葉はとても古い言葉です。現代の哲学の中ではしばしば批判の対象にもなります。しかし私はスピノザのような仕方で理解するのならば、この言葉にはまだまだ大きな利用価値があると考えています。スピノザ的な本質概念は、形にとらわれがちな私たちのものの見方を根底から変えてくれるからです。

最後に、このスピノザ的な本質概念を社会の中で考えるとどうなるかという問題を考えておきたいと思います。

スピノザの考えるコナトゥスは自分の存在に固執する力です。するとこんな疑問を抱く人もいるのではないでしょうか。自分の存在に固執する力が人間の本質ならば、それは社会と矛盾することもあるのではないかという疑問です。

順を追って考えていきましょう。

スピノザは善悪を組み合わせで考えました。コナトゥスがうまく働いて活動能力が増大するのは、組み合わせがうまくいく時です。社会であれば、人と人とがうまく関係を築いている時です。ですから、コナトゥスという原理は確かに自らの存在に固執する力ではありますが、それは決して他人を犠牲にして自らを維持するということではありません。

たとえばコミュニティがうまく回っている時、人々はうまく組み合って互いの力を高めることになるはずです。それはスピノザ的に言って善いことに他なりません。

『エチカ』では次のように言われています。人はコナトゥスがうまく働いて生きている時、自由である。そのように自由な人たちは、互いに感謝し合い（第四部定理七二）、偽りの行動を避け常に信義をもって行動し（同定理七二）、国家の共通の法律を守ることを欲する（同定理七三証明）。

一人ひとりが自由に生きられることこそ、社会が安定するために一番必要なことです。ですから、コナトゥスは自分本位の原理ではないかと考えるのではなくて、人々が共同で安定して暮らしていくためには一人ひとりのコナトゥスを大切にすることが必要だと考えなければならないのです。

コナトゥスを踏みにじる国家は長続きしない

『エチカ』は国家について本格的には論じていません。それについてはスピノザの『神学・政治論』や『国家論』を参照する必要があります。スピノザは社会契約説的な発想をもっており、『神学・政治論』ではそれが論じられています。

ただスピノザの社会契約説は、いわゆる契約説とは少し異なっています。

一般的な契約説では、安全のために人々が集まって社会契約を行い、その後それに従って国家の中で生きていくという論法になっています。つまり人々は、いつかどこかで、一度、契約をしたことになっているわけです。ここに契約説が虚構と呼ばれるゆえんもあります。誰もそのような契約をした覚えはないからです。

スピノザは確かに契約説の立場を取っていますが、一度きりの契約という考え方をしません。毎日、他人に害を及ぼすことがないよう、他人の権利を尊重しながら生活していること、それこそが契約だというのです。いつかどこかで一度契約した内容に従うのではなく、一つの国家の中で互いに尊重し合って生活していく。それによって契約はいわば、毎時、毎日、更新され、確認されている。

私はいわゆる契約説が一回性の契約説であるとしたら、スピノザのそれは反復的契約説であろうと論じたことがあります（國分功一郎『近代政治哲学』ちくま新書）。

確かに集団の中で生きていくことで、自分の権利が制約を受けるという面はあるでしょう。スピノザもそれを認めます。

ただ、だからといって集団で生きることを完全に否定はできない。人間は一人では生きられないし、集団で存在して互いに組み合うことで高められる力があるからです。

ただし、もしその集団やその集団の指導者たちが、これまで確認してきた契約内容に背くようなことを行い、人々の権利が蹂躙されるようなことがあれば、人々は日々の暮らしの中でその契約を確認することをやめるでしょう。つまり、集団は崩壊するでしょう。

社会契約が一度限りのものではなく、生活の中で反復的に確認され続けるものだとするスピノザ的契約説は、我々に、常に緊張感をもって契約に向き合う必要があることを教えます。

一人ひとりの権利が蹂躙され、コナトゥスが踏みにじられる、そのような国家は長続きしないというのがスピノザの考えでした。一人ひとりがうまく自らのコナトゥスに従って生きていければこそ、集団は長続きする。なぜならばその時に人は自由であるからというわけです。

ではスピノザの言う自由とはどのようなものなのでしょうか。この巨大なテーマに次章で取り組んでみたいと思います。

第三章　自由へのエチカ

一　「自由」とは何か

与えられた条件のもとで力を発揮すること

『エチカ』では全五部を通じて実に多くの話題が論じられています。ただこの本が目指す最終目標はとてもシンプルです。「人間の自由」がそれに他なりません。最終部である第五部は「知性の能力あるいは人間の自由について」と題されています。

ではスピノザの目指す自由とはいかなるものなのでしょうか。

「自由」という言葉を私たちはふつう、「束縛がない」という意味で使うと思います。つまり制約がない状態です。

しかしスピノザはそのようには考えません。制約がないだけでは自由とは言えない。そもそも全く制約がないことなどありえないというのがスピノザの出発点になります。

どういうことでしょうか。

前章で見たスピノザの本質の概念を思い出しましょう。人間の本質とはその人の力であり、人間にとって善いことは、その人の活動能力が増大することでした。でも、活動能力が増大するというのは、決してその人に与えられた条件や制約を超え出ていくということではありません。

たとえば、二本の腕と二本の足がある場合、二本の腕と二本の足があり、それ以上でもそれ以下でもない、というのはその人に与えられた条件です。その人の活動能力が高まり、腕や足が自由に動かせるとはどういう状態でしょうか。腕にも足にも可動範囲があります。また、骨格や筋肉や関節によって、動かせる方向やスピードには制限があります。これらは腕や足にとっての条件です。

　腕や足を自由に動かせるというのは、それらの条件を超え出るということではありません。その条件のもと、その条件に従って、腕や足をうまく動かせる時、私たちはそれらを自由に動かすことができている。

　自分に与えられている条件のもとで、その条件にしたがって、自分の力をうまく発揮できること。それこそがスピノザの考える自由の状態です。

必然性に従うことこそ自由

スピノザは『エチカ』の冒頭で自由を次のように定義しています。

自己の本性の必然性のみによって存在し・自己自身のみによって行動に決定されるものは自由であると言われる。これに反してある一定の様式において存在し・作用するように他から決定されるものは必然的である、あるいはむしろ強制されると言われる。（第一部定義七）

この定義を読み解くポイントは二つあります。

一つ目は、必然性に従うことが自由だと言われていることです。ふつう、必然と自由は対立します。必然なら自由ではないし、自由なら必然ではない。

ところがスピノザはそれらが対立するとは考えません。むしろ自らの必然性によって存在したり、行為したりする時にこそ、その人は自由だと言うのです。

ここで言われている必然性を、その人に与えられた身体や精神の条件であると考えれば、スピノザの言わんとするところが見えてきます。先ほど見たように、腕は可動範囲をもち、その内部には一定の構造がある。これらの条件によって、腕の動きは必然的な法則を課されています。それを飛び越えることはできません。むしろ、腕を自由に動かしていると言えるのは、その必然的な法則にうまく従い、それを生かすことができている時です。

『神学・政治論』の第一六章では魚の例が出てきます。

魚には水の中で泳いで生きるという条件が課されています。それは確かに制約であり必然性です。ですが魚が自由になるとは、その必然性を逃れることではありません。魚は水の中で泳いで生きるという必然性にうまく従って生きることができた時にこそ、その力を余すところなく発揮できる。魚を陸にあげれば死んでしまいます。人間の身体や精神にも、これと同じような必然性があるということです。

人は実験しながら自由になっていく

ここでもまた、実験の考え方が大切になります。というのも、その人の身体や精神の必然性は本人にもあらかじめ分かっているわけではないからです（第二部定理二四）。誰もがそれを少しずつ、実験しながら学んでいく必要があります。

ですから、人は生まれながらにして自由であるわけではありません。人は自由になる、あるいは自らを自由にするのです（第四部定理五四備考、定理六八）。赤ちゃんの例で考えてみると分かりやすいかと思います。赤ちゃんは自分の体の使い方を知りません。つまり自分の身体がどのような必然性に貫かれているかを知らない。

私の娘がまだ小さかった時、指しゃぶりはできるのに、手にもった棒の先を口にうまく入れることができないのを見て驚いたことがありました。自分の体をどう動かすと、その結果どう動くのかということがまだよく分かっていないので、どれくらいの位置に手をもってくれば棒の先が自分の口元に来るのかが分からないわけです。

そうやって動作を試していくのもスピノザ的な実験ですね。実験を重ねる中で、自らの身体の必然性を知り、少しずつ人は自由になっていくのです。

ならば大人になれば自らの心身を十分に知ることができるのかというと、決してそうではありません。前回も紹介しましたが、私たちは「身体が何をなしうるか」を知らないからです。

今度は長めに引用してみましょう。

実際、今日まで、誰も身体の機能のすべてを説明しうるほど正確には身体の組織を知らなかった。人間の知恵をはるかに凌駕する多くのことが動物において認められることや、夢遊病者が覚醒時にはとてもしないような多くのことを睡眠中になしていること（これは、身体が単に自己の本性の法則のみによって、自分の精神を驚かすような多くのことをなしうることを十分に示している）について説明できないのは言うまでもない。（第三部定理二備考）

私たちは身体のなしうることすべてを説明しうるほど正確に身体を理解してはいない。たとえば夢遊病者は睡眠中に驚くべきことを成し遂げる。

身体についてここで言われていることは精神にも同様に当てはまります。私たちは精神のなしうることすべてを説明しうるほど正確に精神を理解してはいない。だから人類はいまも赤ちゃんのようなものなのかもしれません。自分たちのことを十分には理解していないのかもしれないのですから。

自由の反対は「強制」

自由の定義を読み解く上での二つ目のポイントは、自由の反対が「強制」であることです。

前出の第一部定義七を見ると、最初、自由の反対は「必然的」と言われて、それが「強制される」に言い換えられています。もし前者だけを取り上げるとすると、自由も、自由の反対も、どちらも「必然性」で説明されることになってしまいます。

自由の反対を説明するにあたって最初に出てくる「必然的」という形容詞は、「日常的にはそう言われている」ということを述べているのだと思います。日常的には自由の反対は「必然的」と言われるが、その意味するところは「強制」である。「強制」に力点があるからこそ、「むしろpotius」という言葉がその直前に置かれているのでしょう。

ですので、ここでは「強制」のほうに目を向けて定義を読解していきましょう。

強制とは本質が踏みにじられている状態

さて、強制とはどういう状態か。それはその人に与えられた心身の条件が無視され、何かを押しつけられている状態です。

その人に与えられた条件は、その人の本質と結びついています。ですから、強制は本質が踏みにじられている状態と言えます。あるいは外部の原因によってその本質が圧倒されてしまっている状態と言ってもいいでしょう。

私はこの自由の反対としての強制のことを考えると、いつも、『エチカ』で紹介されているあるエピソードを思い起こします。親の叱責に耐えきれなかった青年が、家を捨てて軍隊に走り、「家庭の安楽と父の訓戒との代りに戦争の労苦と暴君の命令とを選び、ただ親に復讐しようとするためにありとあらゆる負担を身に引受ける」という話です（第四部付録第一三項）。

これはスピノザが実際に聞いた話なのでしょうか。幼い頃からいわば虐待を受けて育った青年が、それに復讐するべく、自らの身をわざと過酷な状況に置き、暴君の命令に従う。想像できる気がします。

『エチカ』によれば、復讐心とは、憎しみの感情から害悪を加えた者に対して、同じく憎しみの感情から害悪を加えるように人を駆り立てる欲望です（第三部諸感情の定義三七）。この青年は親に対して直接に復讐を果たすことができない。だからその代わりに自分の心身を痛めつけている。

そのような状態にある時、この青年はかつて受けた虐待という外部の圧倒的な原因に、ほぼ自身のすべてを支配されています。彼の行動の全体がこの復讐のためにある。これこそ「強制」の状態、自由とは正反対の状態に他なりません。外部の原因によって存在の仕方を決定されてしまっている状態です。

二　自由の度合いを高める倫理学

自由とは自分が原因になること

こう考えてくると、スピノザの自由の概念は、どこかで原因という概念と結びついていることが分かります。不自由な状態、強制された状態とは、外部の原因に支配されていることである。ならば自由であるとは、自分が原因になることではないでしょうか。

では、自分が原因になるとはどういうことか。スピノザはこれを「能動 actio」という言葉で説明しています。

スピノザによれば、人は自らが原因となって何かをなす時、能動と言われます。私が私の行為の原因である場合、私はその行為において能動であるわけです。

これは次のように定義されています。

我々自らがその妥当な原因となっているようなある事が我々の内あるいは我々の外に起こる時、言いかえれば〔……〕我々の本性のみによって明瞭判然と理解されうるようなある事が我々の本性から我々の内あるいは我々の外に起こる時、私は我々が働きをなす、、、、〔能動〕と言う。（第三部定義二）

人は自由である時、また能動でもあることになります。どうすれば人間は自由になれるかという問いは、したがって、人間はどうすれば能動的になれるかという問いに置き換えることができます。

しかしここに問題が残ります。重大な問題です。

私が自分の行為の原因になるとはどういうことでしょうか。すべては神という自然の内にあり、すべては神という実体の変状なのでした。神の変状であるという意味では、私たちの存在や行為は神を原因としています。私たちは原因ではありません。

他方、私たちは外部から刺激を受け続けながら存在しています。『エチカ』でも、いかなるものも、他のものから作用を受けなければ、存在することも作用することもできないとハッキリ書かれています（第一部定理二八）。これは簡単なことです。酸素を吸収したり、水分を摂取したりしなければ身体は持続しません。ものを考えたりするのも他からの作用があってはじめて生じることです。

私たちは常に作用や影響を受け続けている。だとすると、私たちは常に受動でしかありえないのではないでしょうか。私たちが原因になることなどできるのでしょうか。

原因は結果の中で自らの力を表現する

この点を理解するためには、原因／結果、能動／受動をスピノザがどのようにとらえていたのかを検討しなくてはなりません。

順を追って見ていきましょう。

ふつう原因と結果は、前者が後者をひき起こす関係にあるものだと考えられています。ところが、『エチカ』の哲学体系においては、原因と結果の関係はそこに留まりません。原因は、結果の中で自らの力を表現するものとして理解されているのです。

どういうことでしょうか。

個体とは神の変状でした。神という実体が一定の形と性質を帯びることで個体になる。その意味で、存在しているすべての物は、神をその存在の原因としています。

他方、前章の「様態」の説明のところで見た通り、どの個体も、神の力を表現していると言われるのでした。存在するすべての物は、神が存在する仕方、すなわち様態であるからです。

このことをスピノザは次のように説明しています。

> 存在するすべての物は神の本性あるいは本質を一定の仕方で表現する〔……〕。言いかえれば〔……〕存在するすべての物は神の能力を——万物の原因である神の能力を一定の仕方で表現する。（第一部定理三六証明）

ここでスピノザが用いている「表現する」という動詞は、「説明する」とも言い換えることができます。自然界に存在する一つひとつの物は、神の力を説明していると考えられるわけです。

たとえば、神すなわち自然には、水のようなさらさらで透明な液体を作り出す力がある。あるいはまた、ものを考えて哲学という営みをもたらす人間のような存在を作り出す力もある。神すなわち自然には実に豊かな力があります。その中に存在している一つひとつが、それぞれの仕方で、「神にはこんなこともできるよ」「自然にはこんな力があるよ」と説明してくれている。そしてそのような万物を作り出した原因が神なのでした。

すると、原因と結果の関係は、同時に、表現の関係でもあることになります。神という原因は、万物という結果において自らの力を表現していることになります。

能動とは自らの力を表現すること

原因と結果の関係が表現の関係でもあるのならば、能動の意味も、我々が普段使っているそれとは異なってきます。

ふつう能動と受動は、行為の方向、行為の矢印の向きで理解されています。行為の矢印が、私から外に向かっていれば能動であり、矢印が私に向かっていれば受動というわけです。

しかしスピノザはそのような単純な仕方ではこれらを定義しませんでした。スピノザは、私が行為の原因になっている時――つまり、私の外や私の内で、私を原因にする何ごとかが起こる時――、私は能動なのだと言いました。

先の原因／結果の概念を用いるならば、この定義は次のように言い換えられることになります。

私は自らの行為において自分の力を表現している時に能動である。それとは逆に、私の行為が私ではなく、他人の力をより多く表現している時、私は受動である。

先の軍隊に走った青年の例を思い出してください。復讐に燃える彼は、ある意味では非常に活発に活動するように見えるかもしれません。しかし、彼を動かしているのは、かつて親から受けた虐待への復讐心です。つまり、彼の親こそが彼の活発な活動の原因になっているのです。彼の本質はこの圧倒的な外部の原因によって踏みにじられている。彼の行為はいずれも、彼の力というより、彼の親の力を表現しているのです。

私は『中動態の世界』（医学書院）という本で、カツアゲの例を使ってこのことを説明したことがあります。銃をもった相手から「カネを出せ」と脅された私が、自らポケットに手を入れてお金を取り出し、それを相手に手渡すとします。その時、お金を手渡す私は能動でしょうか、受動でしょうか。

「とんでもない話だ。能動のはずがない」とおっしゃる方もいるかもしれません。しかし、よく考えてみてください。脅されているとはいえ、手渡しているのは私なのです。もし殴られて動けなくされて金を奪われたのなら、私は受動です。しかし、カツアゲの場合はそうではない。私は自分からお金を手渡している。そもそも、行為の方向で能動と受動を区別する考え方に則るならば、私は能動にされてしまうでしょう。確かにお金を渡すという行為の矢印は、私から相手に向かっているのですから。

別に私はカツアゲを正当化したいのではありません。私が言いたいのは、行為の方向で能動と受動を定義するのは決定的に不十分だということです。それではカツアゲ程度のことも説明できないのです。

ところが、スピノザの能動／受動の概念ならば違います。スピノザはその行為が誰のどのような力を表現しているかに注目します。銃で脅してくる相手に私がお金を手渡すという行為は、その相手の力をより多く表現しています。その相手には、他人に金を差し出させるような力がある（といっても、それは大部分が銃のおかげですが）。私の行為はその相手の力を表現しているわけです。

私の力が全く表現されていないわけではありません。私には手を使ってポケットからお金を取り出す力はあり、その力はその行為に表現されています。しかし、圧倒的なのはその相手の力です。その意味で、私はこの行為の十分な原因にはなっていない。だから私は受動的なのです。

これと比較するために、聖書の中の有名な「善きサマリア人」のたとえ話をここで参照してみましょう。強盗に襲われて身ぐるみ剝がされ、道端に倒れている旅人がいました。聖職者たちは見向きもせずにその脇を通り過ぎます。ところが、たまたまそこを通りかかったサマリア人だけは旅人を助け、宿屋に連れて行って介抱し、宿主に回復するまでここに泊めてあげてくださいと言ってお金を手渡すのです。

この時、お金を手渡すサマリア人の行為は、まさしく彼の力、すなわち、人に共感したり、義の心を感じたりすることができるその力を余すところなく表現しています。

彼はこの時、能動です。しかし、行為の方向だけに目を向けるならば、カツアゲされてお金を手渡す行為とこのサマリア人の行為とを区別することができなくなってしまうのです。行為における力の表現に注目するスピノザの定義がいかに有効であるかがよく分かると思います。

スピノザ哲学は人間の自由に向かって収斂する

自由であるとは能動的になることであり、能動的になるとは自らが原因であるような行為を作り出すことであり、そのような行為とは、自らの力が表現されている行為を言います。ですから、どうすれば自らの力がうまく表現される行為を作り出せるのかが、自由であるために一番大切なことになります。

もちろんそれを考えるためには、これまでも強調してきた実験が必要です。実験をしながら、自分がどのような性質のコナトゥスをもっているかを知らなければなりません。

その際、自分がどんな歴史を生きてきて、どんな場所、どんな環境の中にいるのかを知ること、すなわちエソロジー的なエチカの発想も大切になるでしょう。スピノザ哲学の全体が人間の自由に向かって収斂していくことがよく分かると思います。

自由の度合いを高める

ここで一つ付け加えておかねばならないことがあります。先ほど、カツアゲされた私の行為は受動だが、しかしそこに私の力が全く表現されていないわけではないと述べました。実際には、その他にもいくつもの力がそこには表現されていることでしょう（たとえば彼をしてカツアゲをさせるに至った原因等々）。

ここから分かるのは、行為における表現は決して純粋ではないということです。ですから、純粋に私の力だけが表現されるような行為を私が作り出すことはできません。つまり私は完全に能動的になることはできません。いつもいくばくかは受動であるのです。なぜなら私たちは周囲から何らかの影響や刺激を受け続けているからです。完全に能動であるのは、自らの外部をもたない神だけです。神は完全に能動です。

ただ、完全に能動にはなれない私たちも、受動の部分を減らして、能動の部分を増やすことはできます。スピノザはいつも度合いで考えるのです。

自由も同じです。完全な自由はありえません。しかし、これまでより少し自由になることはできる。自由の度合いを少しずつ高めていくことはできる。実際、私たちは自分たちの身体の使い方も分からない段階から、そうやって少しずつ自由になってきたのではないでしょうか。

こう考えると、スピノザの哲学が本当に実践的であることが分かります。何か完全な自由を実現しようとするのではなくて、一人ひとりが少しずつ自由になっていくことをこの哲学は求めているのです。

その意味で、スピノザの『エチカ』は、誰しもがいつでもすぐに始めることのできる倫理学なのです。

三　自由な意志など存在しない

自由は自発性ではない

さてここまで、スピノザにおける自由が必然性や能動性と結びついていることを見てきました。皆さんがそれを十分に理解し、それに十分に納得してくださっていることを期待します。

その期待の上で、ここからは、一般に自由と考えられているものがどれだけ矛盾をはらんでいるのかを見ていきたいと思います。

このような順番で議論を進めるのには訳があります。これから見ていく、一般に自由と考えられているものは、実に強い影響力をもっており、何の準備もなしにそれを論駁しても、多くの人はなかなかそれに納得できません。意識はしていなくても、強くそれを信じているからです。

ですが、皆さんは違います。既にスピノザの自由の概念を学びました。既に皆さんの思考にはスピノザによって変化がもたらされています。その変化を手がかりにすれば、これまで意識はしていなくても信じ切っていたある概念について、十分に疑いをもつことができるはずです。

スピノザの自由とは能動的になることであり、能動的であるとは行為において自らの力が表現されていることでした。したがって、スピノザの自由とは自発性のことではありません。
自発的であるとは、何ものからも影響も命令も受けずに、自分が純粋な出発点となって何ごとかをなすことを言います。スピノザ哲学においては、そのような自発性は否定されます。なぜならば、いかなる行為にも原因があるからです。自分が自発的に何かをしたと思えるのは、単にその原因を意識できていないからです。

私たちの意識は結果だけを受け取るようにできています。今日の昼ご飯にラーメンを選んだことにも、本屋でふと気になって手に取ったこの本を今読んでいることにも、すべてに原因があります。しかしその原因を十分に理解することは人間の知性には実に困難です。だから、自分でラーメンを選んだし、自発的にこの本を読み始めたのだと考えるわけです（すみません、非難しているわけではありません！　こんなややこしい議論にここまでついてきていただいて、本当に感謝しております！　もう少しですので最後までお付き合いください！）。

ですから、私たちが自発性を信じてしまうことには理由があるわけですが、しかし、実際にはそのようなものは存在しえません。

「自由意志」は存在しない

この自発性は一般に「自由意志」と呼ばれています。これが私が先ほど言った、一般に自由と考えられているもののことです。

これは哲学者のハンナ・アレント（一九〇六～七五）も指摘していることなのですが（『自由とは何か』『過去と未来の間』引田隆也・齋藤純一訳、みすず書房）、私たちは自由の話をすると、すぐに「意志の自由」のことを考えてしまいます。そして、人間には自由な「意志」があって、その意志に基づいて行動することが自由だと思ってしまうのです。これこそが私が先ほど、意識はしていなくても多くの人が強く信じているといったものです。

「意志の自由」あるいは「自由意志」の問題点は、先ほどの自発性の問題点と同じです。自由意志は純粋な出発点であり、何ものからも影響も命令も受けていないものと考えられています。しかし、そのようなものは人間の心の中には存在しえません。人間は常に外部からの影響と刺激の中にあるからです。

ただし、私たちはそのような「意志」が存在していることを主観的には感じます。なぜならば、意識は結果だけを受け取るようにできているからです。そのような意志をひき起こした原因のことが分からないので、まるで意志がゼロから生まれ出たかのように、それが「無からの創造」であるかのように感じてしまうのです。

スピノザはそのように考えることの「誤り」を、次のようなやや強い口調で指摘しています。

例えば人間が自らを自由であると思っているのは、すなわち彼らが自分は自由意志をもってあることをなしあるいはなさざることができると思っているのは、誤っている。そしてそうした誤った意見は、彼らがただ彼らの行動は意識するが彼らをそれへ決定する諸原因はこれを知らないということにのみ存するのである。だから彼らの自由の観念なるものは彼らが自らの行動の原因を知らないということにあるのである。（第二部定理三五備考）

スピノザの自由の定義を理解していなければ、「自由意志」に惹かれるのも無理はありません。意志でないならいったいどこに自由があるのかと考えざるをえないからです。

しかし、スピノザの自由を理解すれば、自由意志という概念の矛盾を受け入れることもできるようになるでしょう。自由のありかを既に知っているからです。

私自身もそうでした。二〇年前にスピノザを研究しようと思った時、やはりここが一番引っかかるところでした。スピノザの述べているところを理解し、受け入れられるようになったのはここ数年のことです。先ほど紹介した『中動態の世界』という本を書き、スピノザの言葉遣いと用いられている概念を自分なりに整理することで、やっと彼の言うことを受け入れられるようになったのです。

意志もまた何らかの原因によって決定されている

スピノザは「意志の自由」も「自由意志」も認めませんが、スピノザがいったい何を否定しているのかに注意しなければなりません。

私たちは確かに自分たちの中に意志なるものの存在を感じます。スピノザはその事実を否定はしません。スピノザが言っているのは、確かに私たちはそのような意志を自分たちの中に感じ取るけれども、それは自由ではない、自発的ではないということです。つまり意志もまた、何らかの原因によって決定されている。

そのことを説明した箇所を見てみましょう。

> 精神の中には絶対的な意志、すなわち自由な意志は存しない。むしろ精神はこのことまたはかのことを意志するように原因によって決定され、この原因も同様に他の原因によって決定され、さらにこの後者もまた他の原因によって決定され、このようにして無限に進む。（第二部定理四八）

精神の中には確かに意志のようなものが存在しています。しかしそれも何らかの原因によって決定を受けているのです。したがって意志は自由な原因ではありません。それは、何ものからも影響も命令も受けない自発的な原因などではないのです。

よく考えれば、スピノザは当たり前のことを言っているのです。なぜこのような当たり前のことを私たちはなかなか受け入れられないのでしょうか。その理由を次の節で見てみましょう。

四　行為は多元的に決定されている

意志は行為を一元的に決定しない

「意志の自由」や「自由意志」を否定すると、恐らく少なからぬ人が、「では私たちは外部から何かによって操作されているロボットのような存在なのだろうか」と考えることと思います。もちろんそうではないわけですが、この疑問に答えるためには、少しだけ、行為なるものについて考える必要があります。

意志の自由を否定したら人間がロボットのように思えてしまうとしたら、それは人間の行為をただ意志だけが決定していると思っているからです。意志こそが人間の行為の唯一の操縦者であるのだから、その操縦者がいなくなったら、人間には操縦者がいなくなると考えてしまっているのです。

「意志の自由」や「自由意志」を否定することへの強い抵抗の根拠はここにあります。意志が一元的に行為を決定していると信じられているからこそ、その抵抗は強いものになるのです。

行為は実際には実に多くの要因によって規定されています。

たとえば歩く動作のことを考えてみましょう。この動作は人体の全体に関わっています。人体には二〇〇以上の骨、一〇〇以上の関節、約四〇〇の骨格筋があり、それが複雑な連係プレーを行うことではじめて歩くという動作が可能になるわけですが、人の意識はそのように複雑な人体の機構をすべて統制することはできません。ですので、身体の各部分は意識からの指令を待たずに、各部で自動的に連絡を取り合って複雑な連携をこなしています（これを身体内の「協応構造」と言います）。

また歩き方といってもさまざまです。普段は誰もそれを意識して選択してはいません。明治初期に近代的な軍隊が作られた際、それまで農民だった兵士たちは、西洋式の行進がうまくできなかったことが知られています。彼らは自分たちの歩き方など意識したこともなかったでしょう。だから新しい歩き方に戸惑ったわけです。

私たちはこれまでに学んだ何らかの形式に沿って歩いています。それは意識して選択されたものではありません。意識せずに従っている習慣です。しかしそれは私たちの行為を強く規定しています。

また現代の脳神経科学では、脳内で行為を行うための運動プログラムが作られた後で、その行為を行おうという意志が意識の中に立ち現れてくることが分かっています。意志はむしろ運動プログラムが作られたことの結果なのです。

精神分析学の創始者であるフロイトが論じた無意識の役割をここに加えてもよいでしょう。フロイトは私たちの日常のちょっとしたしぐさや動作にも無意識が表れていると考えました。

たとえばやたらと大きな靴音を立てて歩く人、必要以上に音を立ててパソコンのキーボードを叩く人は、自分の存在を周囲にアピールしている、つまり、自分の存在について何らかの不安を抱えているわけですが、本人はそのことには気づいていません。しかし無意識は行為を規定しています。

一つの行為は実に多くの要因のもとにあります。それらが協同した結果として行為が実現するわけです。つまり、行為は多元的に決定されているのであって、意志が一元的に決定しているわけではないのです。

けれどもどうしても私たちは自分の行為を、自分の意志によって一元的に決定されたものと考えてしまいます。繰り返しになりますが、それは私たちの意識が結果だけを受け取るようにできているからです。

意識の存在は否定されない

意志が一元的に行為を決定しているわけではないと言う時、日本だと混同しやすい二つの言葉をきちんと区別しておく必要があります。二つの言葉とは、「意志」と「意識」です。英語だとWillとConsciousnessで全く別の単語ですから間違いようがないのですが、日本語では似ているので注意が必要です。

スピノザは意志が自由な原因であることを否定しました。しかし、私たちが意志の存在を意識すること、は否定していません。確かに私たちはそのような精神の力を感じるのです。

では意識とは何でしょうか。スピノザはこれを「観念の観念」として定義しています。とんちみたいな言い回しですが、難しいことではありません。「観念の観念」とは、精神の中に現れる観念についての反省のことです。

たとえば空腹時に美味しそうな食べ物を目にすると、精神にはそれを食べたいという欲望が生まれるでしょう。この欲望も観念です。この段階では意識はありません。意識が生まれるのは、「いま自分はこの食べ物を食べたいという欲望を抱いている」という観念が生まれた時です。

観念について観念が作られること、言い換えれば、ある考えについて考えが作られること、それが意識です。意識というのは観念に対するメタ・レベルであり、観念に対して派生的、二次的なものだということになります。ですから、意志として感じられる観念が精神の中に現れた時も、それについての観念をメタ・レベルから形成することで、その意志が意識されることになるわけです。

「意志の自由」「自由意志」を否定することに抵抗を覚える人は、それが意識をも否定することにつながると漠然と考えてしまっているのではないでしょうか。

しかし意志と意識は全く別物です。そして、意志が自由な原因であることの否定は、意識の存在の否定とは何の関係もありません。意識の存在は否定されていません。意識は何らかの観念があれば、それに反省を加えることで生まれてきます。

先ほど行為はさまざまな複数の要因によって多元的に決定されていると言いました。おそらく、意識もその要因の一つであるでしょう。人間の精神の特徴の一つは、意識を高度に発達させ、それによって自らの行為を反省的にとらえることができるようになった点にあります。だから意識は行為に影響を与えることができます。

したがって、意識は無力ではありません。しかし意識は万能でもありません。意識では身体の複雑な機構を統制できないし、習慣もほとんどの場合は意識できない。無意識を意識化することの難しさを説いたのがフロイトですし、脳内の運動プログラムに至っては意識することは不可能です。

ですが、意識は行為において何らかの役割は果たせるのです。スピノザは意志が自由な原因であるという思い込みを批判しました。しかし、それはあなたの意識の否定ではありません。あなたはロボットではありません。意識は万能ではないし、意志は自発的ではない、ただそれだけのことです。

五　現代社会にはびこる意志への信仰

「意志教」の時代

意志の話をしましたので、最後に少し現代社会について考えておきたいと思います。というのも、現代ほど、「意志」「意志決定」「選択」といったものが盛んに言われる時代も珍しいと思われるからです。

意志を巡る現代社会の論法というのは次のようなものです。――これだけ選択肢があります。はい、これがあなたの選択ですね。ということはつまり、あなたが自分の意志で決められたのがこれです。ご自身の意志で選択されたことですから、その責任はあなたにあります。

この論法が全く疑われないわけですから、純粋な自発性としての意志など存在しえないという、ちょっと考えれば分かることですら共有されません。

このように意志なるものを信じて疑わない現代社会を見ていると、何か私は信仰のようなものを感じます。

意志というのは、先にも述べました通り、「無からの創造」です。それは合理的に説明ができないものです。その合理的には説明ができないものを誰もが信じて疑わない。現代社会はある意味で、「意志教」のようなものを信仰しているのではないでしょうか。

意志なる概念は普遍的に存在してきたのではない

実はそのことは意志の概念の歴史を考えてみると分かります。いま私たちが信じている意志なる概念は、普遍的にいつでもどこにでも存在するものではありません。たとえば、古代ギリシアには、意志の概念も、意志に相当する言葉もありません。

たとえばプラトンを読んでも意志の話は出てきません。プラトンには有名な「魂の三区分」という考え方がありますが、その三つというのは知性・欲望・気概であって、意志の場所はありません。

アリストテレスには意志の先駆となる概念があったと言われることもありますが、仮にあったとしても、それはあくまでも意志概念の先駆けとなるようなものにすぎません。我々が信じているような意志とは違います。ハンナ・アレントは、アリストテレスには意志概念は存在しないと述べていますが、僕も彼女に賛成です。

現代社会は意志の概念を信じ切っていますので、意志の概念が普遍的に存在するものではないことを知ると驚かれるかもしれません。

しかし、そもそも先に詳しく検討したように、意志の概念は、実際には存在しえないし、合理的に説明ができない「無からの創造」であるわけですから、そのような矛盾した概念がかつては存在していなかったというのは、むしろ当然のことだとも言えます。

意志の概念はまさしく信仰の中で発見されていきました。それを作ったのは、パウロ（?～六〇頃）やアウグスティヌス（三五四～四三〇）らのキリスト教哲学であったとアレントは言っています。

意志の概念がいつどうやって始まったのかを確定することは困難です。ただ重要なのは、現在のような意志の概念はかつては存在していなかったということです。

信仰解除のために

私はこの意志という概念に現代社会が取り憑かれている気がしてなりません。何もかもが意志によって説明されてしまう。私たちは意志を信仰しつつ、意志に取り憑かれ、意志に悩まされているのではないでしょうか。

いくつか例をあげてみましょう。

アルコール依存症や薬物依存症は病気です。ですから、そうした依存症に悩む人たちを「意志が弱い。なぜ自分でやめられないのだ」と責めても、彼らを追い詰めるだけであり、百害あって一利なしです。

多くの場合、依存症に悩む人たちは、幼い頃に虐待を受けるなど、心に苦しみを抱えていることが知られています。何度も何度も回帰してくる苦しい記憶から逃れるために、アルコールや薬物が利用されてしまうケースがあるのです。それは「意志の力」ではどうにもできないことです。そもそも「自分の意志」で始めたことではないのです。

最近、不登校の子どもたちの専門紙からインタビューを受けました。不登校の子どもたちもしばしば「意志が弱いから学校に行けない」と言われてしまいます。しかし、不登校の子どもたちも「学校に行かないことが自分の意志」とは言い切れないわけです。

行きたくないという「意志」があったのか、どうしても「行けない状況」だったのか、はっきりと線引きができない。それは、私たちの行為が意志によって一元的に決定されているわけではないのですから当然でしょう。そしてまた、意識は結果だけを受け取るようにできており、行為の原因を知ることが難しいわけですから、本人に不登校の明確な原因が分からないのも少しも不思議ではありません。

私にはこれらの問題について何か解決策を示すことはできません。そもそも一つひとつのケースを具体的に検証しない限り何も言えないというのはスピノザ『エチカ』のエソロジー的な教えでもあります。

ただ、現代社会では、意志がほとんど信仰のように強く信じられていることは分かっておいていただきたいと思います。その信仰を解除すれば、私たちはもう少しだけ自由になれるのではないか。このメッセージを残して、次章に向かいたいと思います。

第四章　真理の獲得と主体の変容

一　スピノザ哲学は「もうひとつの近代」を示す

現代を決定づけた一七世紀

第一章は「善悪」、第二章は「本質」、第三章は「自由」というテーマで書いてきました。スピノザの「自由」の考え方に触れて、新鮮な驚きとおもしろさを感じていただけていたらとてもうれしく思います。

ただ、ここまでの議論をよく理解した方ならば、逆に疑問が出てくる点もあるのではないかと思うのです。

それは「はじめに」でも触れた、スピノザの思考のＯＳが私たちの思考のＯＳと異なっているという問題に関わってきます。本章では「真理」をテーマにそのことについて考えたいと思います。

少し歴史の話を復習しましょう。「はじめに」でお話ししたように、スピノザの生きた一七世紀というのは、現代の私たちにまで続くさまざまな学問や制度がヨーロッパに概ね出揃った時代です。

制度として何より重要なのは近代国家です。私たちがいま国家だと思っている、領域があって主権がある国家という形態は、一七世紀半ばになって出てきたものです。

いわゆる近代科学もこの時期に出てきます。たとえばニュートンは一七世紀後半に活躍した人です。その科学の支えでもあった近代哲学も同じ時期に現れました。一七世紀は本当に現代というものを決定づけた重要な時代なのです。

思想的インフラを整備した時代

一六世紀から続く宗教戦争（ユグノー戦争や三十年戦争）はヨーロッパを荒廃させました。庶民が突然残虐な人殺しに走るような、それまでの人間観が根底から覆されることが起こり、物質的にも精神的にもヨーロッパが焼け野原になってしまったのです。

その廃墟の中からもう一度、すべてを作り直さなければならないというのが一七世紀の思想的課題であったと思います。私はその意味でこの世紀を、「思想的なインフラを整備した時代」と呼んでいます。

たとえばデカルトは近代哲学の、ホッブズは近代政治思想のインフラを作った人です。そのインフラの上に、続く一八世紀の思想が荘厳なアーキテクチャー、つまり建築物を築いていきます。たとえばカント（一七二四～一八〇四）の哲学やルソー（一七一二～七八）の政治思想をそれにあたるものと考えることができるでしょう。

そうすると、一七世紀はある意味で転換点であり、ある一つの思想的方向性が選択された時代だったと考えることができます。歴史に「もしも」はありえませんが、しかし、もしかしたら別の方向が選択されていた可能性もあったのではないかと考えることはできます。

私の考えでは、スピノザ哲学はこの可能性を示す哲学なのです。それは「ありえたかもしれない、もうひとつの近代」に他なりません。そしてこの「もうひとつの近代」に関わってくると思われるのが、最初に述べた真理についての考え方なのです。

二　真理は真理自身の基準である

真理の外側に真理の基準はない

スピノザは真理について非常に有名な言葉を残しています。次のようなものです。

実に、光が光自身と闇とを顕わすように、真理は真理自身と虚偽との規範である。（第二部定理四三備考）

とてもカッコいい文言ですが、これだけを聞いても何が何だかよく分からないと思います。私もこれを理解するのにずいぶんと時間がかかりました。この定理を理解するには、ちょっとした思考実験をしてみるといいのです。それをやってみましょう。

ここに言われる「規範」というのは基準のことです。つまり後半部分だけを取り出すと、真理は真理自身の基準であり、そしてまたそれは虚偽の基準でもあるということになります。

さて、真理の基準とは何でしょうか。それはおそらく、その基準に当てはめればどんなものでもそれが真であるか偽であるかが分かる、そういう定規のようなものでしょう。

さて、誰かがそのような基準を発見したと言って見せてくれたとします。「おい、この基準で測れば、どんなものでも真かどうかが分かるぞ！」というわけです。それを見せられた私は、当然、次のような疑問を抱くでしょう。「ちょっと待ってくれ。君が言っていることは分かるけど、でも、この基準自体が真であるとどうして言えるんだ？」

相手はどうするでしょうか。「分かった、じゃあ、この真理の基準が真だと言えるようなもう一つ別の真理の基準を探してくるよ」となります。

これ以上は説明する必要はないでしょう。もし彼がもう一つ別の真理の基準を見つけ出してきたとしても、それに対して私はまた同じ疑問を抱かざるをえません。つまり、真理の基準を作ろうとすると、真理の基準の基準の基準の……と果てしなく続く探索に陥ることになる。

これは何を意味しているかというと、真理の基準は存在しえない、もう少し正確に言えば、真理の外側にあって、それを使えば真理を判定できる、そのような真理の基準を見出すことは原理的に不可能だということです。

これは意外とショッキングなことです。それに照らし合わせれば真理かどうかが分かる基準を人間は基本的にもちえないということですから。これはある意味で人間の知性に課された苦しい条件とも言えるかもしれません。

ならばどう考えればよいのでしょうか。

この実に単純な、しかし実に深刻な逆説に対する答えが先の定理なのです。つまり、真理の基準を真理の外に設けることはできない。真理そのものが真理の基準とならなければならない。そして何が真かを教えるものは、何が偽であるかも教えてくれるだろう。それが「真理は真理自身と虚偽との規範である」の意味するところです。

スピノザの真理観と近代科学

では真理が真理自身の基準であるとはどういうことでしょうか。

それは真理が「自分は真理である」と語りかけてくるということです。言い換えれば、真理を獲得すれば、「ああ、これは真理だ」と分かるのであって、それ以外に真理の真理性を証し立てるものはないということです。

ここだけ聞くと納得できないかもしれません。しかし、先ほどの簡単な思考実験で分かったのは、真理の真理性を証し立てるものを真理の外側に見出すのは不可能だということでした。

ここまでくると、「光が光自身と闇とを顕わすように」という前半の部分の意味も見えてきます。どんなものも光を当てないと見えません。しかし、ただ一つだけ光を当てなくても見えるものがある。それが光です。光はそれを照らす光を必要としない。光は光だけで自らを顕わすことができる。真理もまたそれと同じだというわけです。

先ほど実際に思考実験をしてみましたから、このような真理観が出てくる理由は分かるでしょう。しかし納得できない方も多いはずです。なぜならこの真理観では近代科学が成立しえないからです。

科学は新しく提示する実験結果や定理を公的に証明し、共有するというプロセスと切り離せません。「その定理を見てみれば真理だと分かる」というのでは科学にはならないわけです。その意味で、スピノザの真理観は近代科学のあり方に抵触します。

三　真理と向き合う

デカルトの真理の基準は「明晰判明」

近代科学の方向性を作ったのは、スピノザより三六歳年長の哲学者デカルトです。ここまでにもすでに何度か名前は出てきました。「我思う、ゆえに我あり Cogito, ergo sum」、現代風に言い換えれば、「私は考えている、だから私は存在している」という命題で知られる哲学者です。なお、この命題はしばしば「コギト命題」と呼ばれます。

よく知られているようにデカルトの哲学は疑うところから始まります。その疑いは過激です。感覚は人を欺く。だから感覚で受け取ったものは確実とは言えない。感覚で受け取ったものはすべて疑わないといけない。いま自分は暖炉のそばに冬着を着て座っているが、それも感覚によって知られることだ。それを疑うのは馬鹿げているかもしれない。しかしもしかしたら自分は夢を見ているのかもしれないではないか。だから、私には体があるということすら確実ではないのだ。

学問についても考えてみる。自然学、天文学、医学など、いろいろな要素が複合している学問は確実とは言えない。どこに不確実な要素が入っているか分からない。数学ならば、シンプルであるから確実かもしれない。確かに目覚めていようが眠っていようが、二たす三は五だ。だが、もしかしたら何でもできる神がいて、私が計算するたびにそう誤らせているのかもしれないではないか。馬鹿げた想定だ。だがそうでないという保証はどこにもないではないか……。

こうしてデカルトは疑いを極限まで突き詰めます。それはもうほとんど狂気に接するほどです。しかしその中でデカルトは次の真理を発見するのです。いま自分は疑っている。疑っているということは考えているということだ。そして、考えているならば、考えている自分が存在しているはずだ、と。

さまざまなものに疑いを投げかける指先を、くるりと自分に向けた時、考えている私が存在していることは疑えないと気づくわけです。

デカルトはこの「私は考えている、だから私は存在している」を第一真理として、それを足がかりに哲学を構築していきました。

その際に、デカルトは真理の基準というものを打ち立てます。それが「明晰判明 clarus et distinctus」です。

これはくっきりと光が当たって明るく、他からはっきりと区別されていることを意味します。「私は考えている、だから私は存在している」という真理は明晰判明であり、このように明晰判明であれば真理として認めてよいとデカルトは考えました。

デカルトの真理観の特徴は、真理を、公的に人を説得するものとして位置づけているところです。真理は公的な精査に耐えうるものでなければならないわけです。「私は考えている、だから私は存在している」を口先では疑うことができます。しかし、「私は考えている。考えているならば、その考えている私は存在しているということではないか」と言われれば反論できない。デカルトの考える真理は、その真理を使って人を説得し、ある意味では反論を封じ込めることができる、そういう機能を備えた真理なのです。

スピノザとデカルトの真理観の違い

それに対してスピノザのほうはどうでしょうか。

スピノザの考える真理は他人を説得するようなものではありません。そこでは真理と真理に向き合う人の関係だけが問題になっています。だから、真理が真理自身の規範であると言われるのです。いわば、真理に向き合えば、真理が真理であることは分かるというわけです。

スピノザの真理観を伝えるもう一つの定理を見てみましょう。

真の観念を有する者は、同時に、自分が真の観念を有することを知り、かつそのことの真理を疑うことができない。（第二部定理四三）

ここでターゲットになっているのはおそらくデカルトであろうと思います。デカルトはどんなに真であると思える観念であろうとも、それを疑わざるをえませんでした。第一真理であるコギト命題にしても、そこから導かれる結論だけを扱っているると、次第に疑いが再燃してきてしまうとすら述べているのです（詳しくは次章で触れますが、この疑いの再燃を抑えつけるために、デカルトは神の存在証明を必要としました。確実性を神によって保証しようとしたのです）。

それはまるで、部屋を出て少し歩くと「あれ、鍵は閉めたかな？」と気になって部屋に戻ってしまい、再び部屋を出て歩き出すと「ガスの元栓を閉めたかな？」と気になって部屋に戻ってしまうということを繰り返して次第に部屋から出られなくなってしまう人のようです。

デカルトはこの閉域を何としてでも突破しようとして、説得する力をもった強力なコギト命題を必要としたわけです。ある意味でコギト命題が説得しようとしているのはデカルト本人なのです。

それに比べるとスピノザはなんとおおらかなことでしょう。「真の観念を獲得すれば、それが真だと分かるよ」と言っているのです。デカルトに比べるとずいぶん気楽な感じがします。

実際にはここで言われる「真の観念」には条件があって、それは根本原理である神の観念から演繹されたものでなければならないのですが、ここではその問題には触れません。重要なのはデカルトとスピノザの真理観の違いであり、そこから導かれる帰結です。

デカルトは誰をも説得することができる公的な真理を重んじました。実際にはそこで目指されていたのはデカルト本人を説得することであったわけですが。

それに対しスピノザの場合は、自分と真理の関係だけが問題にされています。自分がどうやって真理に触れ、どうやってそれを獲得し、どうやってその真理自身から真理性を告げ知らされるか、それを問題にしているのです。だから自分が獲得した真理で人を説得するとか反論を封じるとか、そういうことは全く気にしていないわけです。

四　物を知り、自分を知り、自分が変わる

物を認識することで自らを知る

真の観念を有する者は同時に自分が真の観念を有することを知るとは、真の観念を有する者だけが真の観念の何たるかを知っているということでもあります。これは言い換えれば、真の観念を獲得していない人には、真の観念がどのようなものであるのかは分からないということでもあります。

こんな風に考えてみましょう。

もしもあなたがスピノザ本人に会いに行ったとして、「スピノザ先生、あなたの考える確実性とは何ですか？」と訊いたとします。あなたの懇願に負けてスピノザは一生懸命に説明してくれるかもしれませんが、どれだけ本人から説明を受けたところ

で、そのように説明を受けただけではスピノザの考える確実性を理解することはできないでしょう。なぜならば、確実なものを認識してみなければ、確実性とは何かは理解できないからです。

スピノザは最初に挙げた「真理は真理自身と虚偽との規範である」という文言の直前でこう述べています。

あえて問うが、前もって物を認識していないなら自分がその物を認識していることを誰が知りえようか。すなわち前もって物について確実でないなら自分がその物について確実であることを誰が知りえようか。(第二部定理四三備考)

どういうことでしょうか。

「いま、自分はこの物について確実な認識を有している。確実な認識とはこのような認識のことだ」、そのように感じることができるのは、何かを確実に認識した後のことだとスピノザは言っているのです。

何かを確実に認識した時、人はその何かについての認識を得るだけでなく、確実さとは何かをも知ることができます。それは、自分が確実さをどのように感じるのかを、知るということでもあります。何ごとかを認識することは、その何ごとかだけでなく、自らの認識する力を認識することでもあるのです。何かを知ることで、私たちは自分たちのことをよりよく知ると言ってもよいでしょう。

自らを知ることで自らが変化する

自分を知ることは自分に何らかの変化をもたらします。つまり、何かを認識すること、真理を獲得することは、認識する主体そのものに変化をもたらすのです。

私たちは物を認識することによって、単にその物についての知識を得るだけでなく、自分の力をも認識し、それによって変化していく。真理は単なる認識の対象ではありません。スピノザにおいて、真理の獲得は一つの体験としてとらえられているわけです。

たとえば前章で、自由意志の問題点を詳しく検討しました。もしあなたがこれまでこの概念を漠然とであれ信じていたとしたら、この概念の問題点を理解するためには、自分の考えのどこがおかしかったのか、どこをよく検討せずに信じていたのかに気づかなければなりません。

そしてそれに気づくことは、ほんの少しですが、これまでの考え方に変化をもたらすわけですから、あなたの主体が変化することを意味します。その時、あなたは単に自由意志の問題点を理解しただけでなく、自分なりの理解する仕方を知り、「なるほど」という納得感の感覚をも得ることになります。

このように認識はスピノザにおいて、何らかの主体の変化と結びつけて考えられているのです。自らの認識する能力についての認識が高まっていくわけですから、これはつまり、少しずつ、より自由になっているのだと考えることができます。

五　主体の変容と真理の獲得

エヴィデンスの超克

スピノザの哲学が、何かを理解する体験のプロセスをとても大事にしていることが分かるでしょう。何かを認識し、それによって自分の認識する力を認識していく。このように認識には二重の性格があります。スピノザはそこに力点を置きました。

このような真理観はある意味で密教的と言えるかもしれません。真理のそれに向かう自分との関係だけが問題にされているからです。

本章の冒頭で、これまでの内容を十分に理解した人は、理解したが故にある疑問を抱くかもしれないと述べました。その疑問はこの点に関わっています。どういうことでしょうか。

ここまで勉強してきたことを思い出してください。

人は自らの力を十分に表現するように行為している時に能動的と言われるのでした。しかし、そのような表現をどうやって公的に証明したらよいでしょうか。おそらくできません。

自分とうまく組み合うものと出会った時、人はその活動能力を増大させます。それが善いことでした。しかし活動能力の増大をどうやって証明できるのでしょうか。こちらはもしかしたら生理学的に証明できる値もあるかもしれませんが、基本的には難しいだろうと言わざるをえません。

私たちはこれまで、どうして力としての本質という考え方が必要なのか、どうして活動能力という考え方が必要なのか、どうして力の表現としての能動の定義が必要なのかを見てきました。皆さんがそれに納得してくださっていることを期待します。

しかし、近代科学的な視点で眺めるならば、それらは、もしかすると根拠がないと言われてしまうかもしれないのです。エヴィデンスを出すことも、公的に証明することもできない事柄だからです。

私たちの考え方は強く近代科学に規定されています。私たちの思考のOSは近代科学的です。ですから、そのOSはスピノザ哲学をうまく走らせることはできないかもしれません。これこそ私が「はじめに」で述べた、「頭の中でスピノザ哲学を作動させるためには、思考のOS自体を入れ替えなければならない」ということの意味に他なりません。

近代科学はデカルト的な方向で発展しました。その発展は貴重です。私たちは日々、その恩恵に与って生きています。そしてまた、公的に証明したり、エヴィデンスを提示することもとても大切です。それを否定するのは馬鹿げています。

しかしそのことを踏まえた上で、同時に、スピノザ哲学が善悪、本質、自由、そして能動をあのように定義した理由を考えていただきたいのです。

近代科学はとても大切です。ただ、それが扱える範囲はとても限られています。近代科学では、たとえば、スピノザの考える表現の概念は扱うことができません。

しかし、前章で見たように、この表現の概念がなければ、カツアゲされてお金を手渡す行為と瀕死の重傷を負った旅人を手助けする行為の違いすら、我々は十分に説明できなくなってしまうのです。

主体がレベルアップしなければ真理に到達できない

デカルトとスピノザの真理観の違いに注目した哲学者としてミシェル・フーコー(一九二六〜八四)がいます。

フーコーは『主体の解釈学』という講義録の中で、かつて真理は体験の対象であり、それにアクセスするためには主体の変容が必要とされていたと指摘しています。ある真理に到達するためには、主体が変容を被り、いわばレベルアップしなければならない。そのレベルアップを経てはじめてその真理に到達できる。

この考え方が決定的に変わったのが一七世紀であり、フーコーはその転換点を「デカルト的契機」と呼んでいます。デカルト以降、真理は主体の変容を必要としない、単なる認識の対象になってしまったというのです。

フーコーはしかし、一七世紀には一人例外がいて、それがスピノザだと言っています。スピノザには、真理の獲得のためには主体の変容が必要だという考え方が残っているというわけです。これは実に鋭い指摘です。

六　ＡＩアルゴリズムと人間の知性

ＡＩにコナトゥスはあるか

ここで少しだけ現代社会の話をしましょう。

いまＡＩ（人工知能）が大変なブームになっています。ＡＩが進化して人間に近づき、それによって人間は仕事を奪われてしまうかもしれないなども議論されています。

しかしこのような議論は非常に大袈裟なものだと思います。その議論の問題点はいくつも指摘することができます。

まずＡＩと呼ばれているものが、本当に知性（ここでは「知能」ではなく「知性」という言い回しを使いたいと思います）に到達しているのか、そもそも到達しようとしているのかという疑問があります。

先日、ＡＩを用いることで、これまで膨大な時間がかかっていた保育園入所者の選考が数秒で完了したというニュースがありました。これはとてもすばらしいことで、このような技術活用は積極的に進めればよいと思いますが、果たしてこれは知性が行ったことでしょうか。これは単に一定のアルゴリズム（計算のための手順）で大量の情報を処理しただけです。飛躍的に発達した計算機による仕事です。知性とは関係ありません。

人間の知性の重要な機能に想像力があります。イマジネーションです。しばしばＡＩの限界として創造性、すなわちクリエイティヴィティが挙げられます。人間のような創造行為は行えないだろうというわけですが、私はそれよりも想像力のほうがＡＩには難しいと思います。

適当に情報を組み合わせるだけでも何かを作り出す、つまり創造することはできますが、想像力には他者感覚が必要です。他者感覚とは相手が自分と同じような存在であるという感覚ですが、そもそもＡＩには「自分」がないので、他者感覚をもちえません。

そもそも「自分」をもつとはどういうことでしょうか。哲学はそれについてかなり考えてきました。しかし「こうすれば自分をもつことができる」という理論は確定していません。理論が確定していないのだから、人間がそれをＡＩに搭載させることもできません。それを搭載できる条件がよく分かっていないのです。

するとＡＩ開発は、まだ人間の知性に到達しようとすらしていないことになります。というのも、到達地点が分かっていないからです。

自分がなく他者感覚もありませんから、ＡＩは欲望をもつことができません。スピノザは人間の本質を欲望に見ていました。欲望がないということはコナトゥスもないということです。そのような存在にはとても人間の代わりは務まりません。せいぜい大量の情報を人間よりも格段に早く処理することができるだけです。その意味で、チェスや囲碁・将棋などのゲームでＡＩが人間に勝つのは、特に驚くようなことではないようにも思います。

人間についてまだ多くのことが分かっていない

そもそも身体がないAIが人間に近づくことなどできるのでしょうか。

私たちは「身体が何をなしうるか」すら分かっていないし、それは精神についても同様でした。そのような身体と精神をもつ存在にAIが近づくと言われる時、いったいどのような事態が想定されているのか。実際には漠然と、曖昧に、抽象的にそのようなことが言われているだけでしょう。

誤解しないでいただきたいのですが、私はAI開発を批判したいのではありません。むしろその発展を心から楽しみにしています。ただいまのブームがAIを誤解あるいは過大評価していること、そしてせっかくAIが注目を集めているというのに、人間の知性の特性を理解しようとする傾向がいっこうに強まらないことに違和感を抱いているのです。

スピノザは精神と身体の関係について徹底して考えた哲学者です。今回は全く触れられませんでしたが、現代の脳神経科学や医学からもスピノザの主張の正しさが証明されつつあります（スピノザの心身並行論が現代の脳神経科学から見て妥当であることを論じたものとして、脳科学者アントニオ・R・ダマシオの『感じる脳　情動と感情の脳科学　よみがえるスピノザ』（ダイヤモンド社）を参照してみてください）。

スピノザはＡＩを考える上でも参考になるはずです。それは結局、人間について考えることに帰着するでしょう。というのも、人間についてまだあまりにも多くのことが分かっていないからです。

人間のアルゴリズム化

ただ、ＡＩブームの裏にはＡＩに対する知的好奇心だけでなく、いつか私たちがＡＩに追い越されてしまうのではないかという恐怖心があるのかもしれません。この点について、私は少し別のところに危惧を抱いています。それはＡＩが人間に近づくことではなくて、人間がＡＩに近づくことです。

月並みな指摘になってしまいますが、現代社会はマニュアル化が進み、人間そのものが一つのアルゴリズムのように扱われています。一定の情報をインプットすると、演算結果をアウトプットしてくれる存在というわけです。

アルゴリズムのように扱われるということは、いくらでも取り替えがきく存在として扱われることを意味します。実際にそうなりつつあります。そこでは労働を経ながら、労働者の主体が少しずつ変容するというプロセスは無視されてしまいます。「熟練」という言葉は死語になりつつあります。

またマニュアル化は徹底されていて、現在の接客業では情動レベルにまでそれが浸透しています。たとえばどんな場合にどんな風に笑いなさいということまで決められています。社会が人間に「アルゴリズムになりなさい」と命じているような状態です。

そのような労働を強いられている人たちであれば、自分たちの仕事がＡＩに取って代わられるかもしれないと無意識に危惧を抱いても不思議ではありません。

「選択されなかったもうひとつの近代」の教え

スピノザ哲学を使ってそのような状態を変革する解決策がすぐに提示できるわけではありません。しかし、これまでに勉強してきたスピノザのさまざまな概念、すなわち、組み合わせとしての善悪、力としての本質、必然性としての自由、力の表現としての能動、主体の変容をもたらす真理の獲得、認識する力の認識……、これらの概念を知るだけでも、この社会の問題点を理解するヒントにはなるはずです。

現代社会は、近代の選択した方向性の矛盾が飽和点に達しつつある社会だと思います。そんな社会を生きる私たちにとって、選択されなかったもうひとつの近代の思想であるスピノザの哲学は多くのことを教えてくれます。

近代のこれまでの達成を全否定する必要はありません。しかし反省は必要です。スピノザはその手助けをしてくれるのです。

第五章　神の存在証明と精錬の道

一　懐疑の病と治癒の物語

神の存在証明がなければ確実な知は保証されない

第四章でスピノザの真理観をデカルトの真理観と比較し、その違いを検討しました。

デカルトの真理観はまさしく近代科学が前提としているものであり、その意味で私たちにとって違和感なく受け入れられるものです。それによれば、真理は公共性をもっており、公的な精査に耐えうるものでなければなりません。言い換えれば、真理が真理と認められるのは、もはや反論の余地がないと考えられた時であり、したがって、真理が相手を説得した時です。

デカルト的な真理は相手を説得するのであり、そのことは彼にとっての第一真理であったコギト命題、「私は考えている、だから私は存在しているCogito, ergo sum」によく表れています。

この命題を口先では疑うことができます。けれども、私は考えているのだから、少なくとも考えている私が存在するではないか、と言われれば反論できない。デカルト的真理はいわば相手を説き伏せるわけです。

デカルトはすべてを疑い、その疑いの末にこのコギト命題という第一真理に辿り着きました。どれほど物事を疑ってもこれだけは疑いえないというわけです。

デカルトの懐疑はしばしば「方法的懐疑」と呼ばれますが、この言葉には十分に注意しなければなりません。デカルトは任意に選択できる一つの方法としてこの懐疑を選んだわけではないからです。

デカルトはどうしようもなく疑ってしまった。自分自身ではどうにもならない懐疑の泥沼から出られなくなってしまったのです。デカルトの哲学はそのような疑いの病からの治癒の物語でもあります。コギト命題というのはその意味で、デカルトが自分に対して処方した薬のようなものです。

だとすると、これは前章でも強調した点ですが、コギトによる説得は実のところ、誰よりも、他ならぬデカルト自身に向けられていたと考えねばなりません。デカルトは身体感覚どころか数学のように知性によって確実と思われるものすら疑うようになってしまった自分を何としてでも説得しようとしているのです。

しかもデカルトは、まさしく薬の効力には時間制限があるのと同様、コギトのように確実な真理であろうと次第にその効力を失っていくという話もしています。確実な真理から導き出された結論を思い出す際、我々はしばしばその前提に十分な注意を払わないため、そうした結論が不確実であると感じるようになるというのです（一六四〇年五月二四日付、レギウス宛書簡）。

デカルトはだからこそ神の存在証明が必要だと主張します。善良であって、私たちを騙すことがない、そのような神が存在していると認識することによって、確実な知がやっと保証されるのだと考えたのです。

こうやって見てくると、確実な真理を求めるデカルトには、科学主義というような言葉では到底片付けられない実存上の悩みとでも言うべきものがあったことが分かります。

新しい主体のあり方が真理の真理性を支える

スピノザの考える真理の特徴は、それが主体の変容を求めることでした。ある真理を獲得するためにはそれに見合うだけの主体へとレベルアップしなければならない。真理を獲得した者は自分がそれを有していることを知ると同時に、その確実性を疑うことができないというのがスピノザの考えであったことは前章で見ましたが、なぜスピノザがそのように考えられたのかといえば、真理の獲得と主体の変容をセットで考えていたからです。

説き伏せられて反論できなくなる時、その人には何らの主体の変容も起こっていません。それに対し何かを「これだ！」という仕方で理解した時、どんなに微細であれ、その人の中では変化が起きています。そうして得られた新しい主体のあり方が、獲得された真理の真理性を支えるとスピノザは考えたわけです。

その意味で、デカルトと比べた時、スピノザは真理の私的性格を強調したのだと言うことができるでしょう。

真理の私的性格への気づき

ですが、デカルトの真理観が病にも比しうる強い実存上の悩みを背景にしていたとすれば、彼の中にも真理の私的性格への気づきがあったとは考えられないでしょうか。

デカルトの哲学から、大枠として近代科学に連なる、エヴィデンス中心主義的な真理観を引き出すことは妥当と思われますが、彼の思想にはやはりそこには還元できない要素があるのではないかと思われるのです。以下ではこの点を検討していきましょう。これはある意味で前章で紹介したフーコーのデカルト観への反論です。

二 真理への精錬の過程

相手を説き伏せる証明

取り上げたいのは神の存在証明です。

デカルトは神の存在証明を三つ残しています。ア・ポステリオリな証明が二つとア・プリオリな証明が一つです。「ア・ポステリオリ」と「ア・プリオリ」はそれぞれラテン語で「後ろから」と「前から」を意味します。カント以降はその意味が変わってきますが、ここでは二つが全く別の観点に対応しているということが分かれば十分です。ア・ポステリオリな証明は人間的な観点から出発する証明であり、ア・プリオリな証明は神の観念そのものから出発する証明と言えます。

ア・ポステリオリな証明はいずれも私たちが神の観念を実際に有しているという事実を出発点にします。

「神の存在は、その観念が我々の内にあるということだけからア・ポステリオリに証明される」というのが第一のア・ポステリオリな証明です。

どういうことでしょうか。

私たちの内には確かに神の観念がある。そしてこの観念は、神が無限で、独立した、全知・全能の実体、あらゆるものを創造した実体であることを教えている。デカルトはここで次のように言います。これだけ完全な存在についての観念が私たち自身に由来するとは考えられない。この観念は神そのものを原因とすると考える他ない。したがって、神は存在している。――これがその証明の骨子です。

第二のア・ポステリオリな証明は「神の存在は、また、その観念を有するところの我々自身が存在するというところからも証明される」というものです。

私は何によって存在しているのだろうか。私自身の力によってではない。もし私に自分を存在せしめるような力があるとしたら、私は自分に対し、存在のみならずあらゆる完全性を付与することができたであろうが、事実はそうではないからである。さて、私を存在せしめる力をもったものは私のうちにあるすべてを有しているはずであり、また、私には欠けているが私が認識はしている多くの完全性をも備えていると考えねばならない。そのような完全性を備えた存在とは神である。したがって、私が存在しているということはそのような神が存在しているということである。

読者の皆さんがこれらの証明に納得するとは思えませんが、ここでの問題はそれではありません。注目したいのは二つの証明の方向性です。

人間的な視点に立ったこれら二つのア・ポステリオリな証明は、相手を説き伏せようとしています。あなたは神は存在しないなどと言うが、それならばあなたが神の観念を有していることをどう説明するのかね。その観念を有するあなた自身が存在していることもどう説明するのかね。――これらの証明はそうした口調で相手に迫り、相手を説得する機能をもっています。

これら二つの証明はデカルトによる神の存在証明を代表するものであり、デカルトによる神の存在証明といえばまずはこれらを指します。デカルトの主著とも言うべき

『省察』では、まずこれらの証明が「神について」と題された第三省察で提示されています。

自己を精錬する証明

ただ、問題は三つ目の証明があることです。しかもそれは先の二つとは全く観点の異なるア・プリオリと呼ばれる証明であり、『省察』ですと、「再び神について」と題された第五省察に現れます。

もちろん読者としては、なぜ既に存在を証明しているのに、「再び」証明しなければならないのか気になります。第五省察のタイトルはそのような読者の感想を先取りしているかのようです。

そのア・プリオリな証明とは「神の存在は、単に神の本性を考察するだけで認識される」というものです。

拍子抜けしてしまうような証明ですが、これはライプニッツによって三段論法として定式化された——そしてまた後にカントによってその無効を宣告された——存在論的証明と呼ばれるものに似ています。

ライプニッツの定式とは次のようなものです。神の観念はすべての完全性を含んでいる。ところで実在は完全性の一つである。したがって神は実在する。

さて、神の本性を考察すれば、そこにすべての完全性が備わっていることが分かるという風に理解するならば、デカルトのア・プリオリな証明はこの存在論的証明の一例ということになるかもしれません。

しかし、実際にデカルトのテキストを見ていくと、ライプニッツの定式とは微妙に、しかし決定的に異なる点のあることが見えてきます。

その点を明確に指摘した持田辰郎の論文、「デカルトにおける神の観念の精錬と、神の実在のア・プリオリな証明」（『現代デカルト論集III ―― 日本篇』勁草書房）を参照しながらこの点を検討していきましょう。

持田はデカルトの提示したア・プリオリな証明にはライプニッツの定式には見られない「神の何たるかを充分精密に探究した後は」という条件が付されていることに注目します。これは三段論法という論理にとっては不要です。論理的には不純な要素と言えるでしょう。しかし、実はデカルトにとってはこの要素こそが決定的に重要であったのです。

どういうことでしょうか。

デカルトは神の観念の公的性格を発見したのだと持田は言います。デカルトはいずれの証明においても、私たちが神の観念を有していること、あるいは少なくとも神の観念を有しうることを出発点としています。それは神の観念が誰にでも共通であり、公的なものだと考えたからです。神の観念は万人の間で共有しうる。これこそがデカルトによる神の存在証明の前提です。

しかし、と持田は言います――「他方、神の観念も観念である限り私的なものでしかありえない。とりわけ探求の当初においては、私たちはまことに様々な、そして明晰性に欠けた神の観念をもっている。それゆえ、私たちは、さらに神について熟考し、神の観念を練り上げなければならない。私たちが神の実在を「おのずからに」認識するのは、そのような神の観念の精錬を経た後に、である」(前掲書、一九六頁、強調は引用者)。

ここに言われる「精錬」とは、明晰性に欠けた神の観念を磨き上げることであり、また、神について熟考しながら精神を整えていく過程に他なりません。

ア・プリオリな証明が言うように、確かに神の存在は「自ずから知られる per se

nota」ものです。しかしそれは神の存在が誰にでも何の苦もなく知られるということを意味しません。それを知るためには神の観念についての長い思索が必要であり、デカルトはそれを強調しているのです。

ライプニッツが提示した三段論法が論理的な証明であるとすれば、ここに言われる精錬とはその論理の外にあるもの、不純物です。しかしデカルトはそれが不可欠だと考えていたわけです。

神の観念は確かに公的な性格を備えており、人々の間で共有できるものであるでしょう。しかし、その観念を我がものとするためには、私的である他ない精錬の過程が欠かせない。それは一人で神について熟考する孤独な作業です。そして、精錬は証明を受け入れることができるような精神になることを意味するわけですから、主体の変容を伴っています。

するとデカルトは、単に相手を説き伏せる証明を提示していただけでなく、証明を受け入れることができるようになる精錬という私的な過程にも注目していたことになります。デカルトも真理を単なる認識の対象としていたわけではないのです。ある種の真理が主体の変容を要求することをよく分かっていたのです。

三　精錬の道は自ら歩まねばならない

精錬の歩みは証明の論理に先行する

証明が論理的な——こう言ってよければ客体的な——手続きであるとするなら、精錬は一人ひとりが自らで——主体的に——歩んでいかねばならない道のりです。そして観念の精錬の歩みは証明の論理に先行します。したがって両者は明確に区別されなければなりません。

しかし実際のテキストではそれらは絡み合っています。持田が注目した「神の何たるかを充分精密に探究した後は」という文言も三段論法の論理の中に現れます。また『省察』ではア・ポステリオリな証明が提示された後、「再び」という形でア・プリオリな証明が提示されているわけですから、精錬の歩みが証明の論理に先行するという構造は非常に見えにくくなっています。

しかし持田はデカルトが残したある一つのテキストにおいては、精錬の歩みが証明の論理に先行し、証明の論理が精錬の歩みに依存するというこの構造が明確に示されていると言います。それが『省察』に付録として付された「諸根拠」と呼ばれるテキストです（入手しやすいところですと、ちくま学芸文庫版の『省察』（山田弘明訳）に収録されています）。

これは正式名称を「幾何学的仕方で配列された、神の存在と精神と身体との区別を論証する諸根拠」と言いますが、非常に興味深いことに、このテキストはスピノザの『エチカ』と同じ幾何学的様式で書かれているのです。一〇ある定義に始まり、七つの要請、一〇の公理を経て、四つの定理で先の三つの神の存在証明と心身の区別の証明が提示されて終わる短いテキストです。

なぜこのテキストでは精錬の歩みと証明の論理が明確に区別されていると言えるかというと、精錬の歩みの必要性が定理の証明に先立って、要請の中で述べられているからです。

スピノザが示す、デカルト哲学が歩むべき道

「諸根拠」はある意味ではマイナーなテキストです（実はデカルト自身、ある著者からの

依頼に基づいて渋々このテキストを書いたという経緯があります)。しかしこのマイナーなテキストに注目して一冊のデカルト論を書いた哲学者がいます。

何を隠そう、それがスピノザに他なりません。

スピノザは生前、二冊の本しか出版していないことをこの本の最初にお伝えしましたが、そのうち実名で出版したのが『デカルトの哲学原理』という一種のデカルト論でした。スピノザはある意味でデカルト哲学の優秀な読解者として当時の哲学界に登場したわけですが、その際にこのマイナーなテキストを手がかりとしました。

より正確に言うと、「諸根拠」を下敷きにして書かれているのは『デカルトの哲学原理』の第一部です。下敷きといっても、スピノザはこのテキストを徹底的に再構成し、改めて幾何学的様式でそれを提示しています。

スピノザがこのテキストを選んだ理由はさまざまにあると考えられます。もちろん、幾何学的様式を好んだスピノザには、デカルトのテキストの中でも、同じく幾何学的様式で書かれた「諸根拠」が扱いやすかったということもあるのかもしれません。

しかしそこに強く選択の理由を読み込むならば、スピノザはこのテキストにこそデカルト哲学が歩むべきであった道が示されていると考えたのだと言うこともできるでしょう。このテキストではデカルトが精錬の歩みの重要性を明確に示しているわけですから。本を出版するというのは大変な態度表明です。スピノザが軽い気持ちで「諸根拠」を選んだとは考えられません。

また、「諸根拠」の特徴は、幾何学的様式で書かれていること、精錬の歩みと証明の論理が明確に区別されていることだけではありません。デカルトによる神の存在証明といえば、一般的には二つのア・ポステリオリな証明を指すと先に述べましたが、このテキストではそれら二つに先行して、定理一として、ア・プリオリな証明が最初に置かれているのです。スピノザはデカルトを論じるにあたり、そのようなテキストを利用したのです。

神の存在証明は精錬の歩みを必要とする

スピノザも『エチカ』の中で神の存在証明を行っています。

ですが、それは証明というより、神とはいかなる存在であるのかの描写と言うべきものです。「神、あるいはおのおのが永遠・無限の本質を表現する無限に多くの属性から成っている実体、は必然的に存在する」と述べ、それを否定するならば、神の本質は存在を含まないことになるがこれは矛盾だと述べるだけなのです（第一部定理一一）。

ここに証明の論理を期待する人は裏切られた気持ちになるかもしれません。しかしデカルトの「諸根拠」について知った私たちには、スピノザがここで何をしようとしているのかが分かります。この証明は精錬のような歩みを必要とするのです。実際、この定理に付された備考のなかでスピノザは「多くの人々はおそらくこの証明の自明性を容易に理解しえないであろう」と述べています。

当然でしょう。神の存在は誰にでも何の苦もなく知られるわけではないからです。それは精錬の歩みを必要とします。つまり主体の変容を必要とします。

四　対話相手としてのスピノザとデカルト

デカルトとスピノザの意外な親和性

『デカルトの哲学原理』はこのように実に興味深い書物であるのですが、スピノザ研究者たちによる研究はほとんどありません。それはこの本に書かれているのがデカルトの思想であると決めてかかられているからだと思います。

スピノザの思想に関心がある研究者たちは『エチカ』などの研究にどうしても時間を割かざるをえず、スピノザがデカルトの思想を論じた本にまではなかなか手が出せないのでしょう（なお、私の博士論文は『デカルトの哲学原理』を中心的に論じたものでした。『スピノザの方法』としてみすず書房から出版されています。この本は近々、韓国語版も出版されることになりました）。

しかし、こんな面白い本を脇においておくのはもったいない。どのようなテキストを下地にして書かれているかが分かると、デカルトとスピノザの関係そのものまで違って見えてくる――『デカルトの哲学原理』はそのような本であるからです。この本を読むと両者が意外に近いことを考えていたかもしれないということが分かるのです。

デカルトに宿る「もうひとつの近代」

読者の皆さんはここで再び、本書の冒頭で言及した「思考のOS」の話を思い出されるかもしれません。

そこで私は、スピノザを読むにあたっては、現代を生きる私たちとは考え方のOSそのものが違っていることに注意しなければならないと述べました。そしてそのOSは、ありうべき、もうひとつの近代の姿を示すものかもしれないとも。

しかし、実はそのようなもうひとつのOSはデカルトの中にも見出されるのかもしれないのです。もしかしたら、近代という時代が見えなくさせているだけで、それはあちらこちらに見出されるのかもしれないのです。

いまを生きる私たち自身を問い直す

哲学の本を読み込むことは、単に、昔の哲学者が考えたことを知るだけに留まりません。それは常に、いまを生き、いまものを考えようとしている私たち自身を問い直す契機であるのです。過去の思想との対話が、いまを生きる私たち自身のことを教えてくれるのです。

中でもスピノザやデカルトは私たちにとって最高の対話の相手です。本書が読者の皆さんにとって、スピノザ哲学やデカルト哲学に関心をもつきっかけとなったら、筆者としてとてもうれしく思います。

おわりに

スピノザは哲学者であり、『エチカ』は哲学書です。では哲学とはなんでしょうか。

これまで何度も言及してきたドゥルーズは、哲学とは概念を創造する営みだと言いました。哲学者はある問題に直面し、それを何とかしようとして概念を創造します。そうした概念の連なりが哲学の歴史です。

哲学研究の一つの役割は、そうやって創造された概念の内実を解明することにあります。

私もスピノザについてそういうことをやってきました。この本では、その成果をなるべく分かりやすく皆さんにお届けしようと努力したつもりです。

では、哲学が概念の創造であり、哲学者は概念を創造する者であるとしたら、哲学を勉強するとはどういうことでしょうか。

いつの時代の誰々という哲学者がこれこれのことを言ったという事実を知ることも大切です。しかしそれは哲学を勉強するにあたって最も重要なことではありません。哲学を勉強する際に一番重要なのは、哲学者が作り出した概念を体得し、それをうまく使いこなせるようになることです。

たとえば、組み合わせとしての善悪の概念を使って物事を判断できるようになる。必然性としての自由の概念から教育について考えてみる。そんな風にして概念を使いこなせるようになることこそ、哲学を勉強し、哲学を身につけることなのです。

全五章を通じて皆さんと一緒にスピノザの主要な概念を勉強してきました。『エチカ』は魅力あふれる概念の宝庫です。この本にはまだまだ他にも興味深い概念が宿っています。

哲学が研究の場に閉じ込められるようなことは断じてあってはなりません。哲学を専門家が独占するようなことも断じてあってはなりません。哲学は万人のためのものです。スピノザは世の中の人がもっと自由に生きられるようにと願って『エチカ』を書いたのです。

ここまで勉強してきた概念が皆さんを少しでも自由にしてくれることを私も心から

願っています。

本書は二〇一八年に出版された『NHK100分de名著　スピノザ　エチカ――「自由」に生きるとは何か』（NHK出版）に、新たに一章を書き加え、全体を再構成したものです。

講談社現代新書　2595

はじめてのスピノザ　自由《じゆう》へのエチカ

二〇二〇年一一月二〇日第一刷発行　二〇二四年一一月五日第一一刷発行

著　者　國分《こくぶん》功《こう》一郎《いちろう》

発行者　篠木和久

発行所　株式会社講談社

東京都文京区音羽二丁目一二—二一　郵便番号一一二—八〇〇一

電　話　〇三—五三九五—三五二一　編集（現代新書）

〇三—五三九五—四四一五　販売

〇三—五三九五—三六一五　業務

装幀者　中島英樹

印刷所　株式会社新藤慶昌堂

製本所　株式会社国宝社

定価はカバーに表示してあります　Printed in Japan

N.D.C. 100　182p　18cm

ISBN978-4-06-521584-5

「講談社現代新書」の刊行にあたって

教養は万人が身をもって養い創造すべきものであって、一部の専門家の占有物として、ただ一方的に人々の手もとに配布され伝達されうるものではありません。

しかし、不幸にしてわが国の現状では、教養の重要な養いとなるべき書物は、ほとんど講壇からの天下りや単なる解説に終始し、知識技術を真剣に希求する青少年・学生・一般民衆の根本的な疑問や興味は、けっして十分に答えられ、解きほぐされ、手引きされることがありません。万人の内奥から発した真正の教養への芽ばえが、こうして放置され、むなしく滅びさる運命にゆだねられているのです。

このことは、中・高校だけで教育をおわる人々の成長をはばんでいるだけでなく、大学に進んだり、インテリと目されたりする人々の精神力の健康さえもむしばみ、わが国の文化の実質をまことに脆弱なものにしています。単なる博識以上の根強い思索力・判断力、および確かな技術にささえられた教養を必要とする日本の将来にとって、これは真剣に憂慮されなければならない事態であるといわなければなりません。

わたしたちの「講談社現代新書」は、この事態の克服を意図して計画されたものです。これによってわたしたちは、講壇からの天下りでもなく、単なる解説書でもない、もっぱら万人の魂に生ずる初発的かつ根本的な問題をとらえ、掘り起こし、手引きし、しかも最新の知識への展望を万人に確立させる書物を、新しく世の中に送り出したいと念願しています。

わたしたちは、創業以来民衆を対象とする啓蒙の仕事に専心してきた講談社にとって、これこそもっともふさわしい課題であり、伝統ある出版社としての義務でもあると考えているのです。

一九六四年四月　野間省一